中华教养课

古代妈妈这样教孩子

章岩 编著

民主与建设出版社

·北京·

图书在版编目（CIP）数据

中华教养课：古代妈妈这样教孩子 / 章岩编著．--
北京：民主与建设出版社，2023.4
　　ISBN 978-7-5139-4178-5

　　Ⅰ.①中… Ⅱ.①章… Ⅲ.①家庭教育－中国－古代
Ⅳ.①G78

中国国家版本馆 CIP 数据核字（2023）第 073069 号

中华教养课：古代妈妈这样教孩子
ZHONGHUA JIAOYANGKE GUDAI MAMA ZHEYANG JIAO HAIZI

编　　著	章　岩	
责任编辑	周佩芳	
封面设计	雷睛文化 • 杜娟	
出版发行	民主与建设出版社有限责任公司	
电　　话	（010）59417747　59419778	
社　　址	北京市海淀区西三环中路 10 号望海楼 E 座 7 层	
邮　　编	100142	
印　　刷	天津旭非印刷有限公司	
版　　次	2023 年 4 月第 1 版	
印　　次	2023 年 6 月第 1 次印刷	
开　　本	880 毫米 ×1230 毫米　1/32	
印　　张	6	
字　　数	145 千字	
书　　号	ISBN 978-7-5139-4178-5	
定　　价	59.80 元	

注：如有印、装质量问题，请与出版社联系。

中华文明上下五千年延绵不断，靠的是什么？

中华史册上伟大人物层出不穷，靠的是什么？

相信每个人都会有不同的答案。追根究底，有一个重要的因素不可忽视，那就是中华教养的力量。中华教养是中华民族的基因密码，让我们中华民族不管历经多少岁月洗礼，依然保持着坚忍不拔的意志和生机勃勃的活力。然而，中华儿女的重要启蒙人和第一任老师是谁呢？在这里，我们不能不谈到本书的主角，那就是我们的母亲。

近代思想家梁启超在《新民说》中说："妇人弱也，而为母则强。"这句话后来成为大家耳熟能详的一句话，那就是"女子本弱，为母则刚"。女人的身体比较柔弱，当她有了自己的孩子，就会变得坚强、有担当，有了自己的使命，有了无所畏惧的力量。当孩子喊出一声"妈妈"，女人就从被人保护的小娇娥，变成了保护孩子的守护神。这是一种强大的爱。这种爱不仅护佑孩子健康成长，而且推动孩子在庸碌人群中脱颖而出。

优秀人物不是凭空诞生的，那是母亲

教养的结果。所以，观一君而知国运，观一人而知其家，观一母而知子之德行。母亲是中华民族的希望，母亲承载着文明兴衰的重任。毫不夸张地说，母亲这双推动摇篮的手，同时在推动着世界。

在中国古代，女人的主要工作是相夫教子。教育子女是一种本能，更是一种责任。林语堂在《中国人》一书中说过："女性的一切权利之中，最大的一项便是做母亲，从义务方面讲更是如此。"作为母亲，照顾孩子成长只是一方面，更重要的是教育子女成才。中华母亲在教育子女方面非常坚定、执着，无论在多么艰难的条件下，她们都不肯放弃对子女的教育。她们渴望子女长大后能够出人头地、成龙成凤，做一个有所作为的人。在典籍记载中，历朝历代都涌现出一批又一批优秀的母教典范，她们为中华民族教养出了一代代的伟大人物。这些人物不仅改写了个人的命运、家族的面貌，甚至改写了中华民族的历史。

比如画荻教子。北宋时期，欧阳修四岁时父亲去世，家中陷入贫困，母亲无钱供他读书，决定自己教孩子。无钱购买纸和笔，母亲就用荻草秆在地上写字，通过这种方式培养他。欧阳修奋发图强，于宋仁宗天圣八年考中进士，后担任朝廷要职，成为历史上赫赫有名的文学家和历史学家。

比如孟母三迁。为了给小孟子创造一个良好的学习环境，孟母先后三次搬家，从墓地旁边搬到市集附近，而后搬到屠宰场附近，最后搬到学堂附近，这才定居下来。孩子的模仿能力特别强，所接触的人和事都会给他们带来潜移默化的影响。正是因为母亲的执着，孟子最终成为一代大儒，彪炳史册。

比如岳母刺字。为了培养儿子的家国情怀，岳飞的母亲不惜狠下心来，在儿子的背上刺上"精忠报国"四个字。在孩子心灵土壤里，播下了建功立业的梦想种子。岳飞勤学苦练，成为文武双修的一代名将，令敌人闻风丧胆，永远闪耀在史册上。

......

可以说，伟大的子女大都是由伟大的母亲教育而来的。古人云："闺阃乃圣贤所出之地，母教为天下太平之源。"又云："治国平天下之权，女人家操之大半，盖以母教为本也。"由此可见，母教是家庭教育的核心，是童蒙养正的主要执行人。一个家庭的兴衰成败，一个国家的长治久安，都与母教息息相关。

可怜天下父母心，古代妈妈们的教养方式虽然各有不同，但目的都是为了让孩子成才。古代妈妈的教养故事，或许能为今天陷于迷茫中的家长带来启发。孩子不好好学习怎么办？孩子叛逆怎么办？孩子犯了错误怎么办？……我们在现实中所遇到的种种教育难题，其实在古代早就有了类似情况，正所谓"日光之下并无新事"。对于这些教育难题，古代妈妈早已用自己的智慧给出了解决方案。孩子应该怎么教养，中国古代妈妈知道答案。古代妈妈的所作所为，是我们参考学习的第一手材料。

作为中国人，我们生活在中国，我们是从古至今延续下来的中华血脉，在教养孩子方面，我们可以学习西方的教育理念，可以借鉴犹太母亲的策略，但是我们更应该掌握的是中国古代妈妈们的方法。要知道，只有中国人更了解中国人！

只有中国妈妈，更懂中国孩子的教养密码！只有中国妈妈，更懂教养中国孩子的底层逻辑！从某种意义上说，这是中国人必读的一本中华教养智慧书。读完这本书，你就会明白中国历史上的伟大人物成才成名的秘诀，就会看懂中国孩子成龙成凤的基本路线图，就会由衷感叹中华千年教养智慧的博大和实用！

目录

第一章　仁德篇

孩子的好品格
从妈妈开始

周室三母——中国最早的胎教

古代贤妇怀孕时，不侧身睡觉，落座时不坐在边上，不用一只脚站立，不吃有异味的食物，不吃切得不正的食物蔬菜，坐席不正不坐，眼不看邪僻的色彩，耳朵不听浮靡颓废的音乐，夜晚让乐官吟诵诗歌，讲述高尚君子的事迹。

周朝是中国历史上一个大王朝，其中武王伐纣、周公辅政等故事经后人的演绎，塑造了一大批的英雄豪杰。然而，培养这些英雄的幕后母亲却很少有人知道。在此，我们不能不提到"周室三母"。所谓"周室三母"，即周王季的母亲太姜、周文王母亲太妊、周武王母亲太姒这三个母亲。

太姜是周王季的母亲，周王季的父亲是周太王，也就是人们熟知的古公亶父。古公亶父是谁？姓姬，名亶，中国上古时代周族的领袖，是周文王的祖父。他行善积德，深受人民拥护。当时周国只是殷商手下一个诸侯国，常受外族劫掠，于是古公亶父决定率众迁徙，百姓积极跟随，这才来到后来周朝兴旺的地方。

太姜是有邰氏的女儿，她端庄美丽，性情贞静柔顺。太姜嫁给古公亶父后，生下太伯、仲雍和王季三个儿子，她时常以身作则教导儿子，因此三个孩子从小到大行为上没有过失。古公亶父见自己的孙子姬昌十分贤良，认为他若继承王位，准能发展家族的事业，因此就想传位与他。姬昌是王季的儿子，正是后来的周文王。由于王季是古公亶父的三儿子，并不是法定的继承人，那么太伯和仲雍为了完成父亲的愿望，放弃了舒适的生活，远走他乡，让位给弟弟王季。这件事成为历史上兄弟礼让、和睦友爱的千秋佳话。这一切都要归功于母亲的良好教育。在创业期间，太王每当遇到难以决策的大事，必定同她商量。太姜聪慧明断，辅助太王一步步将事业发展壮大，而且没出过一个坏主意。所以，太姜是丈夫贤明的辅佐，是周朝创业之时的贤德妇人。

太妊是周王季的夫人，也就是周文王姬昌的母亲。太妊是挚任氏的二女儿，她生性端正严谨、庄重诚敬，只做符合仁义道德的事。她十分尊敬婆婆，还以婆婆为榜样，掌管后宫，使得宫廷上下洋溢着一派肃穆祥和的正气。

太妊怀孕的时候，为了让孩子有良好的品质，她非常注重"胎教"。根据《史记》记载："目不视恶色，耳不听淫声，口不出敖言，生文王而明圣，太妊教之，以一识百。卒为周宗，君子谓，太妊为能胎教。"意思是，不看邪曲不正的场景，不听淫逸无礼的声音，不讲傲慢自大的言语，生下的周文王睿智而圣明，教他的时候，能够举一反三，以一识百。这就是胎教的起源。

古人纷纷称赞太妊教育有方。汉朝文学家刘向在《列女传》中评价说："古者妇人妊子，寝不侧，坐不边，立不跸，不食邪味，割不正不食，席不正不坐，目不视于邪色，耳不听于淫声。

夜则令瞽诵诗，道正事。如此，则生子形容端正，才德必过人矣。故妊子之时，必慎所感。感于善则善，感于恶则恶。人生而肖万物者，皆其母感于物，故形音肖之。文王母可谓知肖化矣。"

这段话的意思是，古代贤妇怀孕时，不侧身睡觉，落座时不坐在边上，不用一只脚站立，不吃有异味的食物，不吃切得不正的食物蔬菜，坐席不正不坐，眼不看邪僻的色彩，耳朵不听浮靡颓废的音乐，夜晚让乐官吟诵诗歌，讲述高尚君子的事迹。这样生下来的孩子必定相貌端庄，才智和品德出类拔萃。因此母亲怀孕时，一定要慎重自己所接触的东西。接触"善"，孩子就可能感受到"善"。接触"恶"，孩子就可能会感受到"恶"。人其实会模仿周围事物的，所以母亲接触了什么东西，孩子就会模仿。文王的母亲可谓深谙此道啊！

太姒是周文王的妻子，周武王、周公旦的母亲。太姒是大禹后人莘姒氏的女儿，她厚德仁义，通晓道理，在娘家时，生活俭朴，用度节省，对她的老师更是恭敬。文王十分喜爱她，亲自到渭水边迎接，用船搭成浮桥，显示婚礼的隆重。

《诗经·大雅·大明》中特意记载了这件事：

"文王初载，天作之合……文定厥祥，亲迎于渭。造舟为梁，不显其光。有命自天，命此文王。于周于京，缵女维莘。长子维行，笃生武王。"

由于周氏三母对于周朝的兴盛起到了重要的作用，因此后人称赞说："周室三母，太姜任姒，文武之兴，盖由斯起。太姒最贤，号曰文母。三姑之德，亦甚大矣！"

诚孝皇后——以身作则，培养孩子的仁爱之心

家和万事兴一直是中国家庭深信不疑的治家良方，要想做到这一点，为人母者就要慈爱善良，从小培养孩子仁德善良的品质。

诚孝张皇后是明成祖朱棣的儿媳妇，是明仁宗朱高炽的原配夫人，明宣宗朱瞻基之母，明英宗朱祁镇的祖母。张皇后历经明朝四代，辅佐三代君王，为明朝初年政局稳定和天下的繁荣贡献了自己的心力。

明仁宗朱高炽去世时，年仅四十八岁，明宣宗朱瞻基即位，尊奉仁宗皇后张氏为皇太后。《明史》中说，明宣宗是难得的孝子，对母后很是恭敬，军政民生等也都与母后禀报商量。当时天下歌舞升平，宣宗对母亲"入奉起居，出奉游宴"，四方有所进献的宝物，无论是奇珍异宝，还是蔬果野味，都一定要先奉送张太后。因此两宫慈孝，天下皆知。

有一次，张太后过生日，文武百官进宫朝贺，宣宗皇帝亲自陪同太后游西苑，并登上万岁山，宣宗奉酒向母亲祝寿。

太后接过酒杯，向群臣敬酒，说道："方今天下无事，得以同享此乐。"于是百官嫔妃欣然对饮，至日落尽兴才归。

后来，宣宗又陪同太后拜谒长陵、献陵（分别是明成祖和明仁宗的陵寝），宣宗骑马在前，为母亲引路。到达陵墓时，宣宗下马，亲自为母亲落轿，搀扶太后，缓缓而行。拜祭祖先后，太后和皇帝又慰问守陵的村民、士兵，赐予他们钱财。等到太后銮驾回宫时，沿途百姓夹道欢送，高呼万岁，太后和皇帝深受感动。这时太后对皇帝说："百姓爱戴皇帝，是因为皇帝让天下昌明。皇帝应当勤政爱民，始终如一。"宣宗连连点头，恭听教诲。

明宣宗时期是明朝经济发展的大好时期，维持了明初的繁荣，但明宣宗不幸早逝，留下年仅九岁的皇太子，此时的朝局便掌握在张太后的手中。这时朝臣们都害怕张太后违反制度，让自己最爱的儿子继位，毕竟皇太子年幼。

正当朝臣们忧虑之时，张太后却在乾清宫升殿，命令杨士奇等重臣率领百官觐见新皇帝。众臣们来到乾清宫，发现龙椅上坐着的正是年仅九岁的皇太子，也就是后来的明英宗。太后说："天子年幼，全仗众卿扶持！"于是，大臣们欣喜万分，并纷纷请求太后临朝听政。张太后却说："祖宗已有成法，我等岂能坏此法度？"随即任命了五位辅政大臣，共同处理军国大事。

张太后虽然不临朝听政，但权威依然很大，尤其是张太后的亲戚们，都仗着太后的权威，发展自己的势力。当时太后有两个亲兄弟在朝为官，太后为了防止他们搅乱朝政，命令他们只能每月两次入朝。张太后的弟弟张升深受百姓爱戴，为政多年，颇有政绩，理应升迁，但都被张太后以"不升内亲"的原则拦了下来。

明朝出了许多有名的太监，其中就有王振，他在明仁宗朱高炽时期就一直在宫中当职，深受两代皇帝喜爱。到了明英宗时期，负责明英宗的饮食起居，明英宗很尊重他，称他为先生，并格外宠信，而王振也仗着皇帝的信任，擅自专权。张太后知道此事后，便将王振拿下，准备杀掉，后在明英宗苦苦求情下，王振才活了下来。所以在张太后在世时，王振一直不敢过于嚣张。至于后来王振唆使明英宗御驾亲征，发生了土木堡之变，则是明英宗大意自负，咎由自取。

1442 年，张太后去世。作为明朝历史上第一个皇太后，她为后世皇后、太后立下榜样。张皇后平时对中外政事、群臣才能及品行都格外留意，且时常提醒儿子、孙子用仁德治理天下。在明朝皇权不断更迭的情况下，张皇后识大体，维持了政局的稳定，就算对于普通人家来讲，也有值得学习的地方。

柳宗元母——高智商、高情商妈妈这样教孩子

柳家饥一顿，饱一顿，哪里有书来读？幸好卢氏自幼熟读诗书，竟然还记得书中篇章，于是就背诵给柳宗元听……卢氏深谙人情世故，擅长处理亲戚关系。亲戚们尽管远在千里，只要有想来柳家做客的，卢氏都十分欢迎。

柳宗元是唐代著名文学家、思想家，唐宋八大家之一。柳宗元出身于没落的大家族，为河东柳氏，最有名的祖先就是柳下惠。唐朝初年，柳家和皇族关系密切，最辉煌的时候，柳家同时居官尚书省的就达二十三人之多。到了武则天执政时期，柳家备受打击迫害。等到柳宗元出生时，柳氏家族就已衰落，柳宗元的曾祖父、祖父也只做到县令一类小官。

柳宗元的母亲卢氏，也是世家大族出身，为范阳卢氏，是山东郡姓的一流门第，位列七姓十家，有八个宰相。但是到柳宗元时期，也已没落。虽然如此，卢氏仍是大家闺秀的典范。柳宗元的父亲名叫柳镇，他曾称赞卢氏说："夫人七岁，通《毛诗》及百家经典。吾所读旧史及诸子书，闻而尽知。"意思是，卢氏七岁就已经通读《毛诗》（注：战国末年，鲁

国毛亨和赵国毛苌辑注的《诗经》）和百家的经典，我所读过的史书和诸子百家的典籍，夫人都已经装在肚子里，没有遗漏的。由此可见，柳宗元的母亲文化修养很深。

公元 773 年，柳宗元出生于长安。四岁时，在母亲卢氏的启蒙教育下，柳宗元对知识产生了强烈的兴趣。柳宗元九岁时，为了躲避安史之乱，以柳宗元父亲为代表的柳氏全族不得不迁往吴地。由于路途遥远，且随行的子侄很多，粮食不够吃，柳镇就独身一人，四处向沿途的大户人家讨来粮米交与卢氏。有的时候，粮食实在不够吃，卢氏宁肯自己不吃饭，也要让小孩子吃饱。

尽管生存条件如此恶劣，但卢氏脸上总是带着快乐的微笑，从不把忧愁表露出来。全家到达吴地后，柳宗元的教育也该抓紧了。但此时全国一片混乱，柳家也是饥一顿、饱一顿，哪里有书来读？幸好卢氏自幼熟读诗书，竟然还记得书中篇章，于是就背诵给柳宗元听。为了教育女孩子们，卢氏常常教授她们诗书礼仪和女工，后来她们都成了贤良的妻子。

安史之乱被平定后，柳宗元也于二十一岁那年考中进士。后来，柳宗元因为支持改革派变法得罪权贵，被贬永州。一贬就是十年，但柳宗元并不孤单，因为与柳宗元同去永州的还有他六十七岁的老母。永州地处湖广交界，当时甚为荒僻，人烟稀少。到永州还没有半年，老母卢氏便离开了人世。

卢氏生前不仅十分疼爱自己的子女，而且深谙人情世故，擅长处理亲戚关系。亲戚们尽管远在千里，只要有想来柳家做客的，卢氏都十分欢迎。卢氏做事谨慎，对长辈很恭敬，对后辈十分慈爱。对辈分和自己相同的，也十分友善。总而言之，卢氏深受家人的喜欢。柳宗元有两个女儿，都很贤德孝顺。大家说这是奶奶卢夫人教育的效果。

母亲卢氏去世后，柳宗元十分悲痛，恰巧此时好友刘禹锡被贬到遥远的播州（今贵州绥阳县），柳宗元十分心疼刘禹锡八十多岁的老母亲，便多次向朝廷上书，请求与刘禹锡调换，让自己去播州上任，以成全孝子之心。皇帝看到柳宗元的奏折后，十分感动，就将刘禹锡改贬连州刺史，柳宗元改任柳州刺史。

柳宗元有一个好母亲，能熟背诗篇，能让柳宗元看到身边活生生的表率，难道这不比在史书上看到的任何励志故事还要真实吗？这样一来，柳宗元在读书时，还敢有丝毫懈怠吗？

至于后来柳宗元被贬荒凉苦寒之地，母亲不辞辛劳，以高龄跟随奔波，也是忧虑自己的孩子过于孤苦悲伤。卢氏待人宽厚，用自己的真诚打动人心。等到柳宗元被贬柳州时，能够体谅好友刘禹锡的难处，把刘禹锡的母亲当成了自己的母亲，这不正是卢氏宽仁之心的最好延续吗？

隽母问政——如何把孩子培养成利国利民的人才

　　隽不疑能成为西汉一代良臣，隽母功不可没。母亲关心为官子女，教他们做清官好官，常常得到人们的赞赏。

　　隽不疑是西汉的名臣，曾任京兆尹，也就是西汉首都的最高行政长官。隽不疑自幼在母亲的影响下熟读经史，后以文学出众被人举荐，汉武帝任命他为青州刺史。汉武帝死后，年幼的汉昭帝即位，这时燕王刘旦联合皇室诸侯准备造反。隽不疑收到密报后出动军队，粉碎了阴谋，因此他被提拔为京兆尹。

　　西汉时期，皇帝多用酷吏，用残忍的酷刑进行审讯，轻罪重罚，重罪则灭族，以此谋求皇权的稳定。隽不疑上任后，虽然掌握生杀大权，但在母亲的教导下一改之前酷吏的风气。每次隽不疑回家，隽母就问："有何平反？活几何人？"意思是，这次平反了几个案子？让多少人减罪活命？如果隽不疑回答"多有所平反"（平反的案件比较多），隽母就特别高兴，"言笑异于他时"（言谈欢笑跟平时不一样）；如果说没有纠正任何案件，"母怒，不为食"（母亲便十分生气，用绝食来表示不满）。

因此，隽不疑为了让母亲高兴，执法十分严谨，生怕出错。《汉书》上称："不疑为吏，严而不酷……吏民敬其威信。"意思是，隽不疑任职执法，严厉但不残酷……官吏和百姓都敬畏他的威信。于是，隽不疑在民间的名声越来越大，超过了朝廷上的很多大臣。

隽不疑后来因身体欠佳，辞去职务，去世时仅四十多岁，天下百姓无不怀念。后来，名臣赵广汉接替了隽不疑京兆尹的职务，看到隽不疑的处事方法，常常感慨道："朝廷上的事，远远不及隽不疑啊！"

隽不疑能成为西汉一代良臣，隽母功不可没。母亲关心为官子女，教他们做清官好官，常常得到人们的赞赏。隽母提醒儿子要公正执法，少用酷刑，爱民亲民，挽救了许多无辜生命。所以，仁慈的母亲教育出了仁慈的孩子，为官从政也将是一个仁慈的好官员。

严宪嫁女——择婚选媳的标准

中国古代婚姻大都是父母之命、媒妁之言，而且娃娃亲之类的事情在古代也是允许的。现在人虽然提倡恋爱自由，但古代的故事也有可以借鉴之处。婚姻之事，一直是人生的大事，因此选择结婚对象时不得不慎重。

魏晋时期，杜有道是京兆一带名门的公子，娶十三岁的严宪为妻。夫妻二人相敬如宾，恩爱般配。几年后，严宪生下一双儿女，家庭更加和美。只是苍天弄人，严宪十八岁那年，杜有道重病不治，严宪年纪轻轻就守了寡。

魏晋时期对妇女的束缚还不是十分严格，允许妇女改嫁。严宪守寡后，有很多媒人上门提亲，父母也劝她再嫁，但严宪都拒绝了。因为出于母爱，她决定独自抚养两个孩子。在严宪的教育下，两个孩子很有礼貌，人们很难从孩子的言行里挑出错误。严宪的儿子杜植闻名一时，后来做了南安太守。女儿杜韡（wěi）也十分贤德。

俗话说，人红是非多。严宪教育出了如此出色的儿女，等到他们长大后，就有人上门提亲，甚至连门槛都踏破了，众多提亲者中就有傅玄。傅玄也是世家大族出身，只是傅玄很早就成了孤儿，但他本人很争气，在没有父母教育的情况下，自己苦读，最终少年成名。而后娶妻生子，没过几年，妻子却不幸去世。他想到儿子年幼，就想为自己续弦。恰巧听说严宪的女儿十分贤德，因此带着聘礼登门求亲。

　　傅玄上门求亲后，严宪立即回绝了别人的请求，答应把女儿嫁给傅玄。严宪的父母兄弟知道后很是惊慌，纷纷指责严宪鲁莽，并劝严宪赶紧悔婚，免得遭灾连累家族。原来，当时傅玄很受司马家族赏识，加上为人正直，这样就得罪了当时的朝廷大员何晏、邓扬等人。而何晏等人是曹家的宠臣，十分骄横，屡屡加害傅玄，世人都不肯将女儿嫁给傅家，不料严宪竟"冒天下之大不韪"做出如此惊人的举动。这时有人劝严宪说："何、邓执权，必为玄害，亦由排山压卵，以汤沃雪耳，奈何与之为亲？"意思是，何晏、邓扬掌权，早晚要加害傅玄，就像大山压碎鸟卵，热水浇雪那样简单。为什么要跟这样的人结亲呢？然而，严宪说："尔知其一，不知其他。晏等骄移，必当自败，司马太傅兽睡耳，吾恐卵破雪销，行自有在。"意思是，你们只知道其一，不知其二。何晏等人骄奢，肯定会失败。司马太傅（司马懿）就像睡着了的野兽，早晚要出击，到时候就怕卵破雪融，傅玄肯定会平安无事的。于是，不顾众人反对，执意把女儿嫁给了傅玄。

　　后来的结局果如严宪所料，何晏等人不久便被司马懿处死，而傅玄则开始历任各种重要职位，直到六十二岁去世。

　　严宪不仅在择婿这件事上有着惊人的判断力，在其他事情上也是如此。她的儿子杜植后来追随堂兄杜预做事，杜预因受别人诬陷而被免官，杜植就带着杜预来到家中做客。严宪见到杜预后，对他说："谚云忍辱至三公。卿今可谓辱矣，能忍之，公是卿坐。"意思是，谚语说：忍受耻辱的人能够做官直到三公。你今天承受侮辱苦难了，若能坚持，早晚位列三公。后来，杜预果然位列三公。

傅玄和前妻有一子，严宪的女儿杜鞞嫁给傅玄后，这个孩子对杜鞞有点生疏和敌视。杜鞞便想起了自己的母亲，就常常带着他回娘家，结果严宪的三言两语就让这个孩子十分亲近。后来，严宪又发现这个孩子有很多优点，说："汝千里驹也，必当远至。"意思是，这是匹千里马啊！肯定会前途无量。因此，她就把妹妹的女儿嫁给了这个小孩子，当时这个小孩子仅六岁。这个小孩子就是傅咸，后来闻名于海内。后来严宪去世，享年六十六岁。

中国古代婚姻大都是父母之命、媒妁之言，而且娃娃亲之类的事情在古代也是允许的。现代人虽然提倡恋爱自由，但古代的故事也有可以借鉴之处。婚姻之事，一直是人生的大事，因此选择结婚对象时不得不慎重。严宪的做法在当时的人看来是草率的，可严宪看到了本质，与正直有道德有才华的人结亲，不论贫贱。到了后来，又将妹妹的女儿嫁给傅玄的儿子，也是看中了傅家的德行和孩子的前程。

世间爹妈情最真
可怜天下父母心

第二章　慈爱篇

孟宗之母——藏在被子里的母爱

如果天下的母亲都能向孟宗的母亲学习，那世人之间尽管有分歧矛盾，恐怕也不会达到彼此交恶的程度，社会也不会出现那么多的贪官污吏了。所以慈母、孝子是我们社会必不可少的。

孟宗是三国时期吴国人，在很小的时候就失去了父亲，由母亲独自抚养长大。孟宗十岁时，母亲便送他到南阳求学。临行前，母亲特意为儿子做了厚褥大被。由于南阳气温较高，因此根本用不着，邻居深感奇怪。孟宗母亲解释说："小儿无德致客，学者多贫，故为广被，庶可得与气类接也。"意思是，我的儿子年少，还不懂得如何同别人相处，也不会帮助别人。想到这里，我就做了一床厚大被子，他的同学有需要的，可以同铺一条褥子，同盖一条被子。如此"同声相应，同气相求"，加深他们同学之间的友谊。这就是孟宗广被的故事。

孟宗到达南阳后，深感母亲用心良苦，学习十分勤奋。老师李肃很看重他，说："卿宰相器也。"意思是，这是做宰相的材料。因此悉心教导，孟宗得以长进。其实孟宗长进的不仅是学业，品德方面也颇有建树，做了许多帮助同学的感人事迹，在学堂广为传颂。孟宗有个同学叫冷暖，在一次担水时，不慎摔伤，卧病在床。孟宗便在业余时间照顾冷暖，为其打饭、熬药、补习功课。后来此事不胫而走，校友无不感动，对孟宗敬佩有加，都主动承担起冷暖同学的饮食起居。学堂一时学风良好，同学间团结友爱，亲如一家，相敬和谐。

后来孟宗学成归来，在骠骑将军朱据那里做军吏。朱据并没有给他多大的官职，因此孟宗不得其志。恰逢居于潮湿漏雨的屋子里，此情此景，孟宗不禁失意落泪，深感愧对母亲。母亲看到后，鼓励儿子道："但当勉之，何足泣也？"意思是，这是上天对你的考验，你正是应当自我勉励的时候，有什么值得哭泣的呢？在母亲的劝勉下，孟宗兢兢业业，后任监池司马，负责掌管吴国的渔业。

升官后，孟宗感恩母德，亲自结网捕鱼，做成鱼鲊寄给母亲。不料母亲命人送还，托人带话给孟宗，说："汝为鱼官，而以鲊寄我，非避嫌也。"意思是，你现在掌管渔政，却送给我鱼鲊，不是给自己找麻烦，不懂得避嫌吗？孟宗听了，深感愧疚，就把鱼坛沉入池中，以此为戒。

这就是"还鲊"的典故，表现出一个贤母严守规矩教子的可贵精神。后来"还鲊"指称贤母，或以鱼鲊表达为官清廉之意。明朝文学家程本立在《送鱼课司使霍思诚赴京师》中说："居有马鞯留客坐，食无鱼鲊寄亲尝。"意思是，孟宗这个人马鞍留给客人坐，自己舍不得吃鱼，寄给母亲，母亲退还，教子清廉。

王母伏剑——以生命成全孩子的人生

这个母亲宁可牺牲自己的性命，也要解除儿子的后顾之忧，从而成全儿子的志向。千载之下，不禁让人为之动容！

王陵是西汉惠帝时期的丞相，年轻时是沛县的豪强。在刘邦没有起事以前，刘邦按照兄长的礼节对待王陵。秦朝末年，天下大乱，各路诸侯趁势而起，王陵也聚了数千人，占据城池，自立为主，算是一方诸侯。等到楚汉相争时，双方都争相拉拢王陵，王陵左右摇摆，不知到底该投靠哪方。

后来，项羽为了拉拢王陵，派人把王陵的母亲"请"到楚营，并对王母礼遇有加。王陵得知这个消息，只能派使者联系项羽，请求释放老母，而项羽的要求只有一个，那就是王陵投靠楚军。使者请求拜见王母，项羽同意了。王母见到使者哭泣着说："愿为老妾语陵，善事汉王。汉王长者，毋以老妾故持二心，妾以死送使者。"意思是，请你为我带话给王陵，好好侍奉汉王刘邦。汉王刘邦是长者，千万不要因为我的缘故而存二心，我愿以死来送使者。说完，王母伏剑自刎。

王陵听说此事，恨极了项羽，从此投靠刘邦。王陵一直谨遵母亲的遗言，忠心辅佐汉室。等到刘邦击败项羽后，王陵作为开国功臣之一，被封为安国侯，食邑五千户。王陵这才决定好好安葬母亲。他出了南门桥，一路哭着爬到母亲坟前，痛不欲生。在王母的大土堆上，立下"汉安国侯王陵母墓"的碑，简称"王陵母墓"。他爬的这段路，被称为"王陵路"。

刘邦死后，汉惠帝即位，等到曹参丞相去世时，王陵被任命为丞相。后因维持朝廷法度，仗义执言，触犯了掌权者太后吕雉，便主动辞去了丞相职位。后来王陵病逝，谥号为武侯。

王母的这段故事，当时即有流传，并被记载在《汉书》中，连汉画像石中也有表现，京剧《陵母伏剑》讲的就是这个故事。宋代的苏轼，曾以没有为王陵母亲建立祠堂而感到遗憾。他说："徐州城外有王陵母坟，向欲为作祠堂，竟不暇，此为遗恨。"到了清代，袁希颜以《王陵母墓》为题写了一首悼诗：

一剑兴亡决，斯言寄远人。
中原谁共逐，天子岂无真。
义莫从新主，恩堪断老亲。
至今留墓草，如报汉家春。

归有光之母——给予孩子无微不至的关爱

归有光回忆说："半夜常和妻子感慨流泪，想起之前母亲、祖母、外祖母的一些事，如昨日重现，茫然不知现在未来。这个世界上竟然会有没有母亲的人，多么残忍的苍天啊！"

归有光是明朝嘉靖时期的著名散文家和学者，进士出身，曾为长兴知县、南京太仆寺丞等职，后参与编修《世宗实录》。他的母亲周氏，十六岁时就嫁给了归有光的父亲。周氏是个慈母，但也是个坚强的母亲，她先后孕育了六个孩子。周氏去世时年仅二十六岁，当时的归有光只有八岁。虽然周氏为人母时间不长，却以她独有的母性善良，深刻影响了归有光。

周氏出身大家，归有光家里也是富足殷实，但周氏崇尚简约、朴实。她辛苦劳作，生怕时间流逝。即使大孩子在后边牵着她的衣襟，小孩子在怀中安眠，她也不会停止手中的针线活。她白天织布，晚上纺线，常常借着微弱的烛光，很晚才睡去。冬天的时候，还率领婢女把未烧尽的炉灰揉合成炭团，层层叠放，整齐地晒在阳光下。

不仅如此，周氏待人十分友善，从来不求全责备。与人交谈时，言辞和蔼可亲。每当家中有仆人犯错时，周氏从不打骂。过年的时候，归有光外祖父家常常送来鱼蟹果品等年货，全家不分老幼主仆，人人有份。所以，家人一听到外祖父家中来人了，无不欢喜。

归有光七岁时和堂兄一起上学，每逢刮风下雨，堂兄就留在家中，不再上学，而归有光却在母亲的教导下，不断求学上进。为了督促孩子学习，周氏很早醒来，常常叫醒睡熟的归有光，让他默读《孝经》。如果归有光一字不差地背下来，她便十分高兴。归有光的妹妹刚出生不久，常依偎在乳母的怀里，一旦哭泣，妈妈就放下手中的活计，马上赶过来，问："儿寒乎？欲食乎？"意思是，孩子冷了吗？想吃东西了吗？

其实，不仅周氏待子如此，归有光的祖母也是育子有方。据归有光《项脊轩志》记载，一次祖母来到归有光读书之处，见他十分用功，便问："我的孩子呀，很久不见你的面了，这般安静读书，很像个女孩子呀！"离开的时候，她用手轻轻关上门，自言自语说："归家很久没有读书人了，我可以看到有光成人啊！"不久，便拿来了一个象笏（古代官员上朝时手拿的记事板），说："我们祖先太常公宣德间曾经执此上朝，日后你应该会用到啊！"

后来，归有光母亲去世，周家不幸患上传染病，舅母、外祖母等先后离世，外祖父家相继死去的有三十口人。归有光成婚后，有了一个小女儿，每当抱起幼女，就愈加想念母亲。归有光回忆说："半夜常和妻子感慨流泪，想起之前母亲、祖母、外祖母的一些事，如昨日重现，茫然不知现在未来。这个世界上竟然会有没有母亲的人，多么残忍的苍天啊！"

归有光的母亲虽然为大家之女，但骄横全无，以宽仁对待下人和孩子。勤俭持家，苦心经营家业，给年幼的归有光树立了很好的榜样。而且，她在孩子退缩时并不娇惯，而是不断敦促、激励孩子读书上进，培养了孩子坚忍不拔的毅力。归有光的祖母能在看到孩子志向时，用先祖的事迹进行鼓励，露出欣喜笑容，可见激励是对孩子最好的奖励。

归有光为官多年，在其归乡之后，在《先妣事略》和《项脊轩志》中均回忆了家中旧事，其中大多关于母亲、祖母。在这些事中，既看到了母亲的慈爱光辉，也可以看出归有光对母亲的深情。

袁了凡母——疼爱与管教两手抓

袁衮回忆说，自己小的时候，在书童阿多的陪伴下上学，看见路边的蚕豆刚刚熟透，阿多就摘了一些。袁母知道后，严厉地批评了他们，说："农民辛苦耕种，就靠这些口粮过日子，你们摘了别人家的蚕豆，不就是抢了别人的口粮吗？"

袁了凡是《了凡四训》的作者，明朝万历年进士，曾任宝坻县县令，晚年辞官后闭门著书。袁了凡是明代重要思想家，他的《了凡四训》融汇儒、释、道三家哲学，劝人积善改过，在社会上流传甚广。

袁了凡的父亲是袁仁（1479—1546），字良贵，号参坡，以医为业，以贤能闻名。母亲是李氏，是作为"填房"嫁给袁参坡的，当时袁参坡的正妻已经西去，留下了两个孩子。都说继母难做，袁母也是如此，只不过袁母做得十分出色，因为她给予了非亲生孩子更多关怀。

为了培养孩子们孝亲敬长的品质，袁母居然每天都虔诚地带领两个不懂事的孩子祭奠他们的生母，等到自己生了三个孩子后，也加入了祭奠的行列。丈夫前妻的长子袁衮深情地回忆道："我的生母去世了，后来父亲迎娶了后母，先母的灵座还在。后母无论早晚都上膳祭奠，毕恭毕敬。每当除夕佳节，父亲外出时，后母便率领我兄弟二人行大礼，敬酒时竟流下泪水，说：'你们的妈妈不幸早逝，你们没有机会供养，能尽到人子孝心的，只有恭敬地祭奠了。'"

按照常理来讲，做后母的，没有谁不希望丈夫前妻的孩子忘记自己的生母。更何况如袁衷所说："予辈不自知其非己出也。"意思是，我兄弟二人并不知道自己的生母是谁。因为当时袁衷兄弟还是很小的孩子，基本不太记事，而李氏反倒这样做，足见其博大的心胸和高尚的人格。

袁母在品德上教育继子勿忘生母，行孝道，在物质上则是"先人后己"。二儿子袁襄说："母亲对我们兄弟的爱胜于自己亲生孩子，没等到天寒就准备好了衣服，没等到饥饿就准备好了饭食。亲朋好友有送来果品与菜肴的，一定给我们留一份。等到我自己娶了媳妇，依然如此，还把我当小孩子一样关怀。我的妻子感动婆婆的辛劳，流泪对我说：'就算是亲生父母，也不过如此吧！'"

尽管袁母如此疼爱孩子，但并不娇纵，在孩子品行方面，真正做到了"勿以恶小而为之，勿以善小而不为"。袁母察恶于微，随缘布施，从孩子小的时候便着手塑造孩子的良好品质。

袁母的小儿子叫袁衮。民间俗话说："老儿子，大孙子，老太太的命根子。"意思是，母亲最疼爱自己的小儿子和大孙子，但袁衮作为小儿子，袁母可没有过度疼爱。袁衮回忆说，自己小的时候，在书童阿多的陪伴下上学，看见路边的蚕豆刚刚熟透，阿多就摘了一些。袁母知道后，严厉地批评了他们，说："农民辛苦耕种，就靠这些口粮过日子，你们摘了别人家的蚕豆，不就是抢了别人的口粮吗？"口头教育完毕后，袁母还带着小儿子找到了蚕豆的主人，赔礼道歉，还送给了主人一升米作为赔偿。

袁母利用这件事，教育儿子宁可自己吃亏，也不让人家吃亏的道理。她开导儿子说："人生的道理很简单，就是不能让别人吃亏。我这样做已经数十年了，你们应该世代遵守，不要改变。"

袁家以前是读书为官之家，后因为明朝政局变动，袁家后人不得参加科举，因此只能行医为业。到了袁了凡这辈，才又重新获得应试的机会，因此袁母对子女寄予厚望。袁母常陪伴儿子读书到深夜，袁衮回忆说："予随四兄夜诵，吾母必执女工相伴。或至夜分，吾二人寝乃寝。"意思是，每当我随着四哥袁了凡晚上读书时，我的母亲一定会在一旁做女工陪伴，有时竟至夜半才会睡下。

后来，袁母去世。后人评价道："李氏贤淑有识，磊磊有丈夫气。"

魏节乳母——舍身救子的楷模

因为仁慈，所以能爱。要知道，哺乳的母狗可以和老虎搏斗，孵蛋的母鸡可以和狐狸搏斗。这种爱是出自内心的，有一种无所畏惧的力量。

战国时期，秦国进攻魏国，魏国灭亡，魏国公子全被诛杀，只有褓褓中的魏公子魏节没有被捉住。秦国为了彻底灭掉魏国，下令说："凡是捉到魏国公子的，赏赐千金黄金。藏匿他的人，将有灭族之祸！"

当时抱走魏节的是他的乳母，乳母把魏节藏在了一个隐秘的地方。魏国的旧臣察觉到了此事，就试探着对乳母说："乳母还好吧？"乳母心想，这是魏国的旧臣，且与乳母有交情，就说："唉！魏公子该怎么办呢？"魏国旧臣说："今公子安在？乳母倘言之，则可以得千金，知而不言，则昆弟无类矣。"意思是，现在魏国公子在哪里？如果乳母畅所欲言，可以得到千金。知道却不说出来，你的兄弟可就遭殃了。乳母见魏国旧臣已经叛变，说："我并不知道魏公子在哪里。"魏国旧臣说："我听闻魏国公子与您一起逃跑。如今魏国已经沦陷，魏氏一族也已经灭亡。您藏匿魏国公子，是为了谁呢？"

乳母叹息说："那些见到利益而背叛国君的人，是谋逆；害怕死而放弃正义的人，是作乱。现在谋逆作乱并且拿来谋取利益，我不做。我当乳母，帮人养育儿子，是为了使他活着，而不是为了杀他。我怎么可以因为利益而贪生怕死，废弃正义违背节义呢？我不能活着而使得公子被抓。"

魏国旧臣见乳母不听劝说，便告知了秦军。在秦军追击下，乳母怀抱魏公子出逃。秦军放箭，争相射杀乳母，乳母就用自己的身体护住公子，身中数十箭，和公子一起牺牲了。秦王听说后，特别表彰了乳母的忠义，用公卿士大夫的礼仪下葬。不仅如此，秦王还提拔了她的弟弟做了五大夫。

汉代文学家刘向评价道："君子谓节乳母慈惠敦厚，重义轻财。夫慈故能爱，乳狗搏虎，伏鸡搏狸，恩出于中心也。"意思是，君子都称赞乳母仁慈、贤惠、敦厚，重义轻财。因为仁慈，所以能爱。要知道，哺乳的母狗可以和老虎搏斗，孵蛋的母鸡可以和狐狸搏斗。这种爱是出自内心的，有一种无所畏惧的力量。

淑云书信——人生三穷

挫折是孩子人生路上的磨刀石。孩子受点苦未尝是坏事，这对孩子的成长有促进作用。孩子遭遇摔打、经风历雨都是好事，这样不仅可以强身健体，还可以锤炼心志。

郑淑云是明代的女作家，由于她的孩子独自外出远行，她放心不下，十分惦念，就给孩子写了一封信，名曰《示子朔》。在信中，她给远行的孩子提前打了"预防针"，告诫孩子未来路途艰险，要做好吃苦的心理准备。《示子朔》十分简短，却凝聚了深刻的哲理。全文如下：

阅儿信，谓一身备有三穷：用世颇殷，乃穷于遇；待人颇恕，乃穷于交；反身颇严，乃穷于行。昔司马子长云：虞卿非穷愁不能著书，以自见于后世。是穷亦未尝无益于人，吾儿当以是自励也！

意思是，看了你的信，信中提及自己遇到的困难处境。我认为，无论是谁，人这一生肯定会经历三种困境：一、自己殷勤做事，却没有机遇；二、宽以待人，却没有朋友；三、严于律己，改正错误，事情却总是做不好。从前司马迁说："没有虞卿的穷困，就没有虞卿的著作，后世也不会看到他的见解。"所以穷困未必对人无益，我的孩子，你应该以此激励自己啊！

　　这封简短的书信体现出母亲对孩子深沉的爱，但这份爱是明智的。信中提到一个叫虞卿的人，他是战国时期的说客，赵国邯郸人，擅长谋划，口才出众，多次重要进谏没有被采纳，因此放弃了高官厚禄，安于贫困，著书立说，称为《虞氏春秋》。这封写给儿子的信告诉我们，自古以来，困难是所有人都要经历的，游子远行在外，无靠无依，更是如此，因此要做好心理准备。困难不是针对个人的，要以积极的心态面对困难，发愤图强、自强不息就好了。郑淑云以拳拳之心，劝导孩子在人生困难时期要多读书、多积累，要为人生打下坚实的基础。

第三章　劝学篇

一个好妈妈
胜过十个好老师

尹母童训——让孩子明白读书的意义

世上之人，很多违背了古训，上学就是为了混文凭，而不是为了学知识、长智慧。所以这一点是当今父母要教育孩子的——读书是为了获取知识，弥补自己的无知，而不是功利地去读。

尹焞，两宋时期的大学者，赐号"和靖处士"，学者因称"和靖先生"，所创学派为"和靖学派"。他是名臣之后，先祖尹崇瑞做过宋初的刑部侍郎，但到了尹焞这一代已经没落许多。尹焞的母亲是陈氏，在母亲的教育下，尹焞虽然生活穷困，却没有愁容挂在脸上。

尹焞在幼小的时候，母亲教育他一举一动都要符合礼仪，做错事了，尹焞就要反思。尹母常常教育尹焞，就算别人犯了错误，自己没有什么过错，也要反省自己，从自己身上找原因，不应该当众争执。一次尹焞本来要跟同伴争桃子，但想起母亲给他讲《小儿语》中的"一争两丑，一让两有"这句话，就不争了。

尹焞稍稍长大了，母亲开始让他读书。后来尹母听人说，伊川先生程颐善于教诲学子，便送儿子拜伊川先生为师。临行前，陈氏训诫说："学有本原，必求其得。耕弗获，菑弗畲，弗贵也。"意思是，凡是学问，一定有个本原，要探求得了这个本原才好。耕了田没有收获，开垦了的土地却不耕种，没有恒心的习惯，都是不足为贵的。

后来，尹焞遵照母亲的教诲，学问终于有所成就，接下来就去考试。当时北宋朝局混乱，这次所出的题目不太好，于是尹焞一字未写，走出了考场。回家后，告诉了母亲。得知情况后，尹母说："吾知汝以德养，不知汝以禄养。"意思是，我只要你用道德来养我，不要求你非要做官，用禄米来养我。程颐知道后，称赞道："贤哉母也！"于是尹焞终身没有去应考，在家乡教书育人。

等到北宋灭亡，南宋建立时，朝廷需要大批人才，尹焞屡屡受到朝廷的征召，但都屡次拒绝。后来，尹焞觉得国家危亡之际，应当贡献自己的力量，就做了皇帝的讲师。任职期间，多次劝谏皇帝抗金，因此与奸臣秦桧结下了仇恨，只能辞官归家。从此他开课授学，后人称所创学派为和靖学派，著作了大量作品，今有《尹和靖先生集》传世。

对于尹母的教子之道，《二十四礼》中评价道："和靖处士之母，可谓善教矣。谚云：'桑树从小直。'故教子必慎于童时之动止语默，使合于礼，以先入为基。及长，再为择善师而从之。如是则内有母教，外有师训，虽欲其不中矩，不可得也？"

这段话的意思是，尹焞的母亲，可以说是善于教子之道了。谚语说："桑树小时候正直，长大以后也会正直。"所以，

中华教养课

必须谨慎教导孩子，告诉他一举一动、说话闭嘴都要符合礼仪。以此为基础，等孩子长大后，再选择良师教导。这样一来，在家中有母亲教育，在外边有老师教育，即使小孩子想要不合规矩、走邪路，还能犯错吗？

尹母不因儿子放弃考试而沮丧，而是豁达地看开一切。她劝告儿子要探求学问的本质，学习的目的不是考试，不是为了做官，而是为了寻求世界的奥秘，获取人生的智慧。这一点具有十分超前的意义。

孟母三迁——为孩子打造良好的学习环境

孟母为了让孩子有个良好的学习环境，屡次搬家。在学习期间，孟子有所懈怠，孟母十分严厉，不惜把辛苦织成的布割断，让孟子直接认识到事情的严重性，从此端正学习态度。

孟子是继孔子之后的儒家学派代表人，战国时期著名哲学家、思想家、教育家，与孔子并称为"孔孟"。同孔子一样，孟子也是游历多国，推行儒家学说，他宣扬"仁政"，最早提出"民贵君轻"的思想，后有《孟子》一书传世。

孟子也是鲁国贵族的后裔，但到了孟子这一代，孟家已衰落。孟子小的时候，一开始随母亲居住在墓地旁边，周围的人全是跪拜、哭号的样子，孟子就模仿他们玩起办理丧事的游戏。

孟母看到后，皱起眉头，说："不行！我不能让我的孩子住在这里了！"于是，孟母就带着孟子搬到市集附近居住。到了市集后，孟子周围的人全是做买卖的，孟子便学起商人做生意吆喝的样子。孟母说："这个地方也不适合我的孩子居住！"便搬到靠近杀猪宰羊的地方去住，孟子就学起了屠宰猪羊的事。孟母看到后，又皱皱眉头，说："这个地方也不适合我的孩子居住！"于是，他们又搬家了。

这一次，他们搬到了学堂附近。每月夏历初一，官员们就到文庙行礼跪拜，互相礼貌相待，小孟子见了之后也跟着学习模仿。孟母很满意地点着头说："这才是我儿子应该住的地方呀！"于是便在此居住了，因此孟子爱上了读书，变得彬彬有礼，不久就开始上学了。

孟子上学的时候，一次回家时，孟母正在织布，问孟子说："你现在学到什么程度了？"孟子说："就那个样子吧！"孟子如此不在乎的态度，激怒了孟母，她当即拿起刀具，"砰"的一声，割断了刚刚织好的布。孟子一惊，孟母训斥道："子之废学，若我断斯织也。夫君子学以立名，问则广知，是以居则安宁，动则远害。今而废之，是不免于厮役，而无以离于祸患也！"

这段话的意思是，你荒废学业，如同我割断这布一样。有德行的人学习是为了树立名声，多问才能增长知识。所以平时能平安无事，做起事来就可以避免祸害。如果现在你荒废了学业，就不免于做下贱的劳役，而且难于避免祸患！

看到母亲如此神情，孟子十分敬畏，于是昼夜不息地学习。后来，他跟随孔子的孙子子思学习，成为天下有名望的儒生。《孟母三迁》和《孟母断织》的故事在中国历史上早有流传，比如《三字经》中就有"昔孟母，择邻处。子不学，断机杼"的记录。

画荻教子——条件再苦，也要教孩子读书

条件再艰苦，也要让孩子好好读书，因为读书是孩子改变命运的最佳方式。你看，欧阳修四岁丧父，家境贫寒，在欧母教育下读书识字，进士及第，人生命运得到了根本转变。

欧阳修是北宋时期著名的文学家，唐宋八大家之一，与韩愈、柳宗元、苏轼并称为千古文章四大家。曾主修《新唐书》，并独撰《新五代史》。不仅如此，他在主持全国进士考试时，慧眼识珠选拔了苏轼、苏辙、曾巩等人，为北宋文坛、政坛输送了大批优秀人才。

虽然长大后的欧阳修声名显赫，但小时候的他命运悲惨，有一个不幸的童年。欧阳修的父亲叫欧阳观，曾任多个地方的判官，也就是法官，负责审理案件，判处罪刑等。欧阳观为官清廉，于1010年去世，欧阳修年仅四岁，剩下孤儿寡母，家中困难可想而知。后来欧阳修回忆当时的情况，说："房无一间，地无一垄。"那么，面对如此困难的家庭，欧阳修的母亲郑氏为了生计，不得不带着欧阳修投奔湖北的叔叔，也就是欧阳修父亲欧阳观的弟弟——欧阳晔。

欧阳修到达叔父家后，虽说衣食有了保障，可叔叔家毕竟不是大家族，等到欧阳修该读书时，欧母就从河边取来沙子，并用荻草秆一笔一画地教欧阳修写字，这就是"画荻教子"的典故。

很多时候，欧阳修常常思念父亲，就问母亲父亲的容貌如何，母亲对他说："视尔叔父，其状貌起居言笑皆尔父也。"意思是，你看看你叔父，他的容貌动作、言谈举止就是你父亲的样子。不仅如此，欧母为了教育欧阳修，还常常给欧阳修讲起父亲以前的故事。欧母说："你的父亲工作十分刻苦，为了防止冤假错案的发生，有时就在烛光下办案至深夜。有一次，你的父亲长吁短叹，把案卷拿起又放下，放下又拿起，反复了好多次。我问他缘由，你父亲说，这是一个该判死刑的案子，我仔细查看了好几次，都没有找到可以为他开脱罪责、活命的地方。这时，我就问到，为什么一定要给罪犯找活路呢？你的父亲回答说，如果实在找不到，我也就问心无愧了。所以啊，孩子，你父亲虽然不在了，可你应该继承父亲认真负责的精神啊！"

欧阳修十岁时，由于家中没有很多书可供欧阳修学习，欧母就带着欧阳修四处去借。借到书后，欧阳修和母亲一起抄录，并及时归还。欧阳修天资聪颖，常常抄录完毕后，就已经会背诵了。《宋史·欧阳修传》中说："自幼所作诗赋文字，下笔已如成人。"意思是欧阳修小时候做的诗赋文字，下笔已经和成人一样了。

经过一番刻苦努力，欧阳修二十多岁时考中进士，步入仕途。后因支持范仲淹变法，遭到排斥，被贬为夷陵（今湖北宜昌）县令。这时母亲宽慰他说："咱们家本来就不富裕，我也过惯了苦日子，只要你觉得好，我也没有什么话说。"

欧母的这些教诲，深深印在了欧阳修的心中。无论仕途是否顺畅，他都以父亲为楷模。后来，欧母以七十三岁高龄病逝于南京，但欧母对欧阳修的教诲，尤其是"画荻教子"的故事，终将永传于世。

作为父母，条件再艰苦，也要让孩子好好读书，因为读书是孩子改变命运的最佳方式。你看，欧阳修四岁丧父，家境贫寒，在欧母教育下读书识字，进士及第，人生命运得到了根本转变。难道家贫就妨碍学习了吗？欧母虽然无钱财在身，却藏知识于腹中，传与欧阳修，欧阳修日后学业有成，不仅不再因钱财而愁，而且成为一名经天纬地造福于民的人才。

更令人感动的是，欧阳修年幼时问及父亲情况，欧母没有哄骗，说什么父亲出远门之类的谎话，而是实话实说。通过这种方式，欧母在小欧阳修心中树立起高大伟岸的父亲形象，让欧阳修继承父亲的遗志，这是为人父母应该学习的地方。等到欧阳修仕途不顺，被贬远方之时，欧母又能够宽慰孩子安贫乐道。如此通情达理的妈妈，简直是孩子的良师益友！

五子登科——再苦再难也不用书籍换田产

　　刘母不慕富贵，不肯将丈夫苦心收藏的书籍卖掉，以此换取钱财享受生活，而是传给刘氏后人，希望他们以诗书学问传家。后来刘氏后人多有成就，真可谓："耕读传家久，诗书继世长。"

　　宋朝时期，江西新余有个叫刘式的，进士出身。刘式是名门望族之后，按照族谱，他的祖先是汉朝楚元王刘交，后来迁徙到江西新余。刘式一生没有别的爱好，只是喜好读书，因此在他的一生中，为了收集书籍，专门建了几间屋子，命名为墨庄。刘式的妻子是陈氏，也是个大家闺秀。刘式有五个儿子，分别叫刘立本、刘立言、刘立之、刘立礼、刘立德。

　　不幸的是，刘式英年早逝，平生的积蓄都用来买书了。因此，五个孩子就全部由陈氏供养，陈氏的辛劳可想而知，这时刘氏家族便有人劝说陈氏，让她把刘式购买来的书籍卖出去，换来一些田产土地，以供家庭的开支。可陈氏说："吾夫生平廉介，念念藏书为'墨庄'，以昭示子孙，何以田为也？"意思是，我丈夫生前廉洁，一心只想着在墨庄里收藏书籍，传给子孙，我怎能用来换田产呢？于是，陈氏不变"墨庄"为田庄，遵照丈夫的遗愿，把藏书作为传家宝保存了下来，并以夫君藏书"以昭示子孙"的美好心愿教育子女。

为了敦促孩子们学习，她把孩子们叫到身边说："你们父亲为官清廉，没有什么遗产，只有墨庄里的图书千卷，你们把这些书读完吃透，学业有所精进，也算继承家产了。"此后，几个孩子便在墨庄中读书，孩子们稍有懈怠，刘母便不再吃饭。孩子们见母亲如此苦心，就拼命苦读了。

在刘母的教育下，五个儿子先后考中进士，全部在朝为官。因此，刘母被称为"墨庄夫人"。这个故事也被称为"刘氏五子登科"。其实，刘母对于刘家的贡献不仅于此，由于刘母完完整整地保全了墨庄，所以此后的刘家也是人才辈出，历代皆有进士。到了明代，开国元勋刘伯温的祖籍就在此地。

刘母不慕富贵，不肯将丈夫苦心收藏的书籍卖掉，以此换取钱财享受生活，而是传给刘氏后人，希望他们以诗书学问传家。后来刘氏后人多有成就，真可谓："耕读传家久，诗书继世长。"

其实，"五子登科"的故事，不仅在江西境地上演，在河北也有个五子登科的故事，这就是"窦氏五子登科"。《三字经》中说："窦燕山，有义方，教五子，名俱扬。"窦燕山，原名叫窦禹钧，也是由母亲抚养长大，是五代时期著名的藏书家。他一生节俭，却十分喜欢兴办教育，建立了许多"义塾"，因此他的五个孩子及乡里人全是饱学之士，五子皆进士及第。当时的侍郎冯道赠他一首诗："窦燕山十郎，教子以义方。灵椿一株老，丹桂五枝芳。"

在汾源的李氏，李元章有五个儿子，分别叫李裕、李彬、李珪、李佐、李润。也是五子皆进士，被称为李氏五子登科。那么，纵观五子登科、满门进士等故事，其实都离不开父母的苦心劝学和良好的学习氛围。

三娘教子——自己宁可吃糠咽菜，也要供子读书

养育孩子就像种庄稼，先苦后甜，播种才有收获，正所谓"欲尝甜瓜自己种，自种苦瓜自己尝"。

明朝时期，山西有位儒生名叫薛广，祖上世代经商，传到他这一代更是家境殷实。薛广有三房妻妾，妻子张氏是家中的女主人，为人跋扈，掌管家中开销。二房刘氏尖酸刻薄，生有一子，名叫薛倚，乳名倚哥。三房王氏名春娥，生性贤良敦厚，薛广甚是喜欢。由于三娘地位低下，又受到丈夫喜爱，所以常常受到大娘和二娘的联手欺负，但三娘顾全大局，对二人多方忍让，得到家人敬重。

有一年，薛广上京赶考，辞别了家人，托付老管家薛保仔细照料。薛广行至镇江留宿时，遇到同乡冯迎。薛广此时想起家中有些事情没有处理好，又听得冯迎要回山西老家，便写了一封家书和五百两银子托他带回。不料冯迎见财起意，动了坏心思，表面对薛广满口答应，实际上贿赂了县官，将薛广充军（古代的一种刑罚，把罪犯流放到边远地方当兵或服劳役）。随后，冯迎撕毁家书，私吞银两，又买了一口空棺材，

带回薛广家中，散布薛广病死的谣言。薛家为了表示感谢，还给了冯迎许多钱财。

薛广一死，薛广家群龙无首，树倒猢狲散。妻子张氏携带钱财回到了娘家，二娘也丢下了年幼的孩子，改嫁他人。仆人们见状，也都散去，只有三娘和管家薛保决定一起抚养年幼的薛氏后人。此时的薛家由于家产被大娘和二娘瓜分，三娘只能搬离祖宅，搭起了一间茅草屋。为了生计，三娘纺布织绢，管家薛保上山打柴，供养倚哥上学读书。日子虽然清苦，但母子二人倒也其乐融融。

薛倚年纪尚小，又没有父亲，常常受到同学欺负。一日，薛倚与同学发生争执，其他人讥笑他是没爹没娘的孩子，他无言以对，忿忿地回到家中。等到三娘检查学业时，薛倚白天生的气还没有消除，就抱怨了几句，说三娘不是他的母亲，没有资格教育他。三娘听后，十分伤心，又舍不得打骂孩子，心想这孩子莫名其妙说这些话，可能是从哪里受了气，因此没有理睬，却也伤心，暗暗哭泣。

三娘见薛倚没有去上学，怒不可遏，用刀砍断织布机，对他说："你要觉得我不是你的亲娘，不配管你，你就随便吧！"这时薛倚想到三娘以前锦衣玉食，现在为了自己却吃糠咽菜，听到三娘的话，不禁泪流满面，立即跪下，请求三娘原谅。三娘见薛倚已经悔恨，便原谅了他。从此，薛倚再也不管别人的风言风语，安心苦读，争取报答三娘的恩情。

几年后，有一个自称薛广的人来到三娘家中，此时的薛广已经在兵部做了一个小官。原来薛广充军后，立下了战功，加之学问出众，升迁得很快。其实这么多年，薛广一直没有忘记联系家中妻儿，但都杳无音信，又听说自己的夫人们都已改嫁，孩子也下落不明，这次回来只是想亲眼看看。后来同村之人告知三娘带着薛倚住在这里，薛广喜出望外，便来此地找寻。三娘仔细辨认后，发现确实是薛广，急忙叫来了薛倚，于是父子相认。

又过了几年，薛倚高中状元，薛广也事业顺利，做到了兵部侍郎。有人向朝廷奏明三娘的贤德事迹，皇帝深受感动，对三娘大加赞赏，封她为诰命夫人。三娘教子的事迹从此传扬开来。薛倚的大妈、亲妈听说此事，纷纷丢掉现在的家和老伴，跑过来认原来的高官丈夫和状元儿子，可惜都被劝返回家。

《三娘教子》原为清代文学家李渔的作品，后来逐渐演变成为传统戏曲中的一个经典剧目，影响非常深远，许多京剧大师如马连良等都曾登台表演。

《三娘教子》中的三娘本可以跟大娘、二娘一样一走了之，但三娘没有忘记道义，并以一颗仁德之心教育年幼的薛倚，自己宁可吃糠咽菜，也要供养孩子读书。后来一家三口团聚，三娘又被立为典范，这正是对三娘好心的回报。

这个故事告诉广大父母，养育孩子就像种庄稼，先苦后甜，播种才有收获，正所谓"欲尝甜瓜自己种，自种苦瓜自己尝"。

陈氏之母——她是如何培养出三个状元的

一个母亲培养出了三个状元，这是多么了不起的事情啊！史书上称赞陈母："多智术，有贤行，教子以礼法。"意思是，陈母做事很有智谋方法，而且有贤良的品行，擅长用礼法教育孩子。

《卖油翁》的故事广为流传，作者是欧阳修。

这个故事说的是一个少年叫陈尧咨，擅长射箭，虽然不能百发百中，却八九不离十，因此骄傲自满，不再练习。有一天，他见到一个卖油的老头，拿着油勺倒油，油线穿过钱孔倾注葫芦中。一勺油倒完了，没有丝毫洒在钱币上。陈尧咨看后，钦佩不已，问老人秘诀何在。老人回答四个字：惟手熟尔。从此以后，陈尧咨不再骄傲自满，而是刻苦练习。"熟能生巧"的成语就是来源于此。

其实，世人只知其一，不知其二，陈氏一门都是国家栋梁。陈尧咨有两个哥哥，大哥是陈尧叟，状元出身，宋真宗时期任宰相，位极人臣。为政期间，裁冗官、去繁文、决滞务、启优士。有一次，陈尧叟带病入朝，皇帝特地准许他乘轿进殿，还命令皇子搀扶。这些特别的恩宠，体现出皇帝对陈尧叟的重视。

陈尧咨的二哥是陈尧佐，文科进士，武科状元，宋仁宗时期任宰相。陈尧佐还是一个水利专家，他主政期间，疏浚河道，兴修水利，减免税负。陈尧佐为人宽厚，生活节俭朴素，家里有什么器物损坏了就叫人修补。他说："器物一有损坏就要修补，不要待到损坏严重或物件不全时只好扔掉。"

身为弟弟的陈尧咨虽然没有官至宰相，但也是状元出身，先后任地方大员，官至太尉。陈氏三状元的父亲是陈省华，进士出身，官至谏议大夫。母亲是冯氏，封鄯国夫人，寿满一百零八岁，被称为"三尧母亲"。

陈家家教严格。据《宋史》记载，有客人到陈家拜访父亲陈省华，已经显贵的陈氏三状元，还得在一旁恭敬地站着，有时搞得客人很不好意思。

有一次，陈尧咨奉命驻守荆南，回京述职时，顺便看望母亲。母亲问道："你在荆南，工作如何啊？"陈尧咨说："荆南是战略要地，当地崇尚武力，因此我教授他们射箭之道，看过的人没有不叹服的，为此他们还送给我一块金鱼玉佩。"陈尧咨随手将玉佩交与母亲。陈母一看，马上火冒三丈，训斥道："以文治国，才能长久，你却靠着武力，博取一时的政绩，这样做对得起国家的俸禄吗？"说完，陈母拿起拐杖，把金鱼玉佩打得粉碎。

又有一次，陈尧咨将自己不能驾驭的烈马卖了。他的父亲散步时，发现烈马不见了，询问之后，把陈尧咨叫了过来，说："汝为贵臣，家中左右尚不能制，贾人安能蓄之？是移祸于人也。"意思是，你是武将，尚且不能制服此马，平常的商人如果买到手，能驾驭得了吗？这是把灾难嫁祸给别人啊！陈尧咨于是急忙将马追回，并付了违约金。此后，这匹烈马便一直在陈家养老，直到死亡。

陈母冯氏为人节俭。她每天带着儿媳妇（其中有状元夫人、宰相太太等）下厨做饭，自力更生，艰苦朴素，几个儿子有错，母亲冯氏还敢杖击。陈母去世后，宋真宗为了表扬陈母教子有方，特别建造了一座慈光院（今封銮寺）。

宋代大学者司马光说："三子接踵为将相，子孙繁衍，多以才能至美官，棋布中外。故当世称衣冠之盛者推陈氏。"

意思是，陈尧咨位居众位士大夫的首位，以后陈家先后为将相，家族开始壮大兴旺。后世子孙繁衍众多，多以才能做官，遍布朝廷内外。所以，当今世上可以称为"衣冠之盛者"，我推荐陈氏。

陈母教育子孙不在乎形式，无论是打碎玉佩，还是以理劝说，都是在教育孩子正心待人。所以，陈氏三状元为政期间，多施仁政，为人民做实事，名垂青史，深受后人纪念。史书上称赞陈母："多智术，有贤行，教子以礼法。"意思是，陈母做事很有智谋方法，而且有贤良的品行，擅长用礼法教育孩子。一个家族的兴盛发达总是有原因的。家教如此，何患家族不兴？

曾巩之母——把五个孩子都培养得赫赫有名

曾巩等兄弟姐妹十余人皆在继母的教育下长大成人，兄弟皆进士，姐妹皆嫁与名臣，其中朱氏的贡献功不可没。因此，朱氏对于曾家来讲，承担了教育子女、兴旺家族的重要角色。

曾巩，北宋时期著名的文学家、史学家，唐宋八大家之一。曾巩虽不是显赫家世出身，但祖父、父亲都是北宋名臣。曾巩的父亲是曾易占，曾易占的家庭生活很不幸，第一任妻子周氏生子曾晔后，不久就去世了。续弦吴氏嫁到曾家后，生下曾巩等四个孩子，却在曾巩十岁那年，不幸去世。

吴氏去世后，曾巩的父亲又经人介绍娶了朱氏。曾巩的父亲年长朱氏二十二岁，而朱氏仅比曾巩大八岁。朱氏出身于名门，其父官至秘书省校书郎。朱氏从小文静好学，自幼跟随母亲读书写字，能谈古论今及治乱的兴衰，深得父母的喜爱。嫁到曾家后，生曾布、曾肇与八个女孩。

曾巩的父亲以文章闻名于世，却仕途坎坷，只做过县令一级的小官，后因直谏被免官。他迎娶朱氏后，非但没给朱氏很好的生活条件，反倒需要朱氏从事织布等劳动生产补贴家用。虽说如此，朱氏任劳任怨，她孝敬婆婆十分到位，深得曾家喜爱，婆婆常常以朱氏为典型，用以指正其他媳妇的做法。

朱氏不仅对婆婆很好，还常常劝谏丈夫"高明柔克"，注意言辞，不要再因直言快语伤人。庆历七年，曾易占去世，当时的朱氏只有三十七岁。中年丧夫的朱氏十分悲痛，但还得承担家庭的重担。在艰苦的环境中，朱氏不忘教育子女，有时亲自授课，在她看来，众多子女中，即使有一个考中进士，就已经很不错了。然而天道酬勤，曾巩、曾牟、曾布等五个孩子先后进士及第，后来为官主政，多有政绩，其中曾布官至尚书右仆射，宰相之位，这与朱氏的教导是分不开的。因此本来即将没落的曾家，在朱氏的经营下，又逐渐兴旺起来。

其实，朱氏仅比曾巩年长八岁，但对曾巩来说，继母仍能在曾巩犯错时，给予指正。有一次，曾巩要到偏远的地方做官，由于当地荒凉难忍，曾巩心灰意懒，无心治理，有点破罐子破摔的想法。这时，朱氏写信劝他说："行无以废为念。"意思是，做事不能有做不成的想法。

朱氏疼爱养子又如亲子，所以得到养子曾巩的敬爱。比如有一次，曾巩请求朝廷，改任离母亲朱氏近一点的地方，以孝敬母亲。曾巩说："我现在六十岁了，母亲今年六十八岁，母亲在京城，而我却在闽越，二弟也在南越任职，相聚太远。因此，不妨暂时把我调回京城，或者给我个清闲一点的职务，以赡养高龄的母亲。"

元丰五年，朱氏在京城曾巩的官邸去世，享年七十二岁。她的女婿、王安石的弟弟，时任尚书右丞的王安礼怀念她说：

"女中君子，吉士之妻，多贤之母，福寿允臧，伊谁与比！"意思是，这是世间少有的贤妻良母。

　　曾巩等兄弟姐妹十余人皆在继母的教育下长大成人，兄弟皆进士，姐妹皆嫁与名臣，其中朱氏的贡献功不可没。因此，朱氏对于曾家来讲，承担了教育子女、兴旺家族的重要角色。对于曾巩来讲，无论是生母还是继母，皆是仁孝慈爱之人，因此曾巩受到了双重的母爱，不得不说是曾巩的幸运。

　　世人都说继母难做，其实不然。继母要想与继子快速建立感情，确实需要一段时间，但事在人为，只要继母真正关心爱护继子，对待他们如同亲子一样，终会获得孩子的爱戴。

献之母亲——孩子的坚持来源于母亲的激励

　　每当王献之有放弃的想法时，王母总说："快成功了，再练几次就好了。"结果皇天不负苦心人，王献之费尽18缸水后，终于到了力透纸背的境界，书法成就不亚于父亲王羲之。

　　王献之是东晋时期著名书法家，他有个大名鼎鼎的父亲，叫王羲之。后人把王献之和王羲之并称为"二王"，也称王献之为"小圣"。那么，为什么王献之书法卓绝，不亚其父呢？这主要是王母的不断鼓励。

　　王母出身东晋时期掌权的世家大族，她的父亲是郗鉴，听说琅琊王氏的子弟们都很出众，就亲自上门提亲。王氏的掌门人是王导，王导就吩咐自己的儿子、侄子们好生准备，就等郗鉴上门挑选。郗鉴派出"面试官"，到了王家，走走停停，四处观看，仔细记下王家各个公子的言行，回家一一汇报，结果郗鉴偏偏挑中了王羲之。原来在"面试"时，王羲之虽说早知道了消息，但由于看字帖，一时兴起，便敞开肚腹，卧于东床。郗鉴听说之后，认为这才是自己要选择的人。后人将王羲之称为"东床快婿"，这个故事也被称为"东床坦腹"。

看到这里，有人或许会说，王献之书法出众，关键是有个好父亲。其实不然，要知道，王献之是王羲之的第七个儿子，而王献之其余几个兄弟在书法上就没有什么成就，所以王献之的成功源于自身的坚持苦练，而在苦练这一条路上，母亲是对他帮助最大的人。

王献之七八岁时就已经显露出对书法的浓厚兴趣，兄弟们完成读书任务后，还要练习写字。这时，王母怕孩子累坏了，就劝他们多休息，可王献之还要练习。后来一次，王母实在看不下去了，就径直走到王献之面前，用力夺取王献之的毛笔。结果由于王献之握笔用力太大，竟不能夺。王母因此说道："此儿后当复有大名。"不料王母这样随口一说，竟给了王献之很大的动力。

一天，王献之急于求成，苦练之下，没有进展，就问母亲说："我练习三年就可以赶上父亲了吧？"王母没有答话，王献之又问："五年呢？"王母依旧没有答话。王献之又问道："那您看我需要练习多久呢？"王母说："你看到院子里的几口大缸了吗？这些都是你父亲早年练字时留下的。你父亲为了写出一手好字，整整费掉了18缸水，字体才开始定型。到了现在还依然坚持不断地练习，你天资不比你父亲差，甚至还超过你父亲，所以不要着急，慢慢练习吧！"

由此开始，王献之开始了苦练之路，费掉5缸水后，决定去问问父亲，自己是否有增益，便拿着写好的字给父亲看。王羲之当时公务繁忙，无暇教育儿子。草草看过，觉得儿子写的字火候不到，便在"大"字上，填上了一点。后来他将字稿交给了王母，由她负责点评修改，而自己则外出办公去了。

这时王献之进门，讨要字稿，王母说："吾儿磨尽五缸水，惟有一点似羲之。"王献之拿过字稿后，发现那一点正是父亲填写的。由此他深感惭愧，觉得练好书法，并非一朝一夕，这时王母便多次鼓励，说："已经快了，再练几次就好了！"王献之便接着练习。后来每当王献之有放弃的想法时，王母总说："快成功了，再练几次就好了。"结果皇天不负苦心人，王献之费尽18缸水后，终于到了力透纸背的境界，书法成就不亚于父亲王羲之。

"快练成了！"这句话是王母对王献之的不断鼓励。的确，无论是技艺还是学业，想要达到炉火纯青、登峰造极，不下一番苦功夫，没有一定的时间积累是不行的。苦练之路并没有想象中那么美好，需要非凡的意志，付出常人无法想象的艰辛。很多人在成功之前就放弃了，而王母能在王献之退缩时，通过不断的鼓励，给王献之以希望，这是当今父母应该学习的。

蒋士铨母——读书声是治愈母亲疾病的良药

　　每当蒋母病痛难耐时，蒋士铨就问母亲："有什么药可以治疗母亲的病呢？"蒋母这时就说："你能把读的书背给我听，我就高兴了，我的病就好了！"于是铨诵读声琅琅然，和草药沸腾的声音混合在一起，母微笑说："我的病好很多了！"

　　蒋士铨是清朝乾隆年间的著名诗人、戏曲家、文学家。乾隆二十二年（1757 年）进士，官翰林院编修。辞官后主持蕺山、崇文、安定三书院讲席。其诗与袁枚、赵翼合称江右三大家。蒋士铨在《鸣机夜课读记》中记载了自己母亲的故事。

　　蒋士铨的母亲叫钟令嘉，是南昌名门之女，小时候和几个哥哥一起读书，十八岁时嫁给了蒋士铨的父亲。当时蒋士铨的父亲已经四十岁了，为人侠义豪爽，喜欢结交朋友，常常将家中财产施舍他人，因此家中柜子、匣子等经常空空如也。虽然如此，每当父亲宴请客人高朋满座时，仍然酒席丰盛，毫不减色，因为钟氏拿出了自己的金玉首饰，换来了钱粮和酒菜。

两年后，钟氏生下蒋士铨，家境就变得更加贫穷了。蒋士铨的父亲这才不得已外出做官，蒋士铨也随着母亲来到外祖父家生活。

等到蒋士铨四岁的时候，蒋母开始传授蒋士铨"四书"。由于蒋士铨年幼，拿不起笔，蒋母就把竹子折断弯曲，摆成汉字，把蒋士铨抱在怀里认字，直到没有错误。在病中，母亲将唐诗贴在四壁，抱着蒋士铨行走其间，低吟以为戏。六岁时，蒋士铨终于可以拿起毛笔写字时，蒋母便在织布机的旁边支了一个书桌，让他练习写字。一旦蒋士铨稍有松懈，蒋母就拿起戒尺打蒋士铨一下。打完之后，蒋士铨还没觉得有什么，蒋母却哭了起来，说道："儿及此不学，我何以见汝父！"意思是，你这样不好好学习，我将来如何见你的父亲啊！

冬天的黑夜非常寒冷，但蒋母依旧敦促蒋士铨读书。她怕蒋士铨寒冷不能安心学习，便将蒋士铨抱在怀中，和蒋士铨一起诵读。读着读着，蒋士铨便睡着了，不久后，蒋母把蒋士铨叫醒。蒋士铨张开眼看见母亲的脸上尽是泪水，也跟着哭起来。过了一会儿，母子二人便又一起读书了。有的时候，蒋士铨的几位姨母劝导蒋母说："妹妹就这一个儿子，不必如此吧？"蒋母回答说："儿子多倒也好办，只有这一个儿子，将来不长进，我又依靠谁呢？"

时间过得很快，蒋士铨九岁了，蒋母就开始教授他《礼记》《周易》，有时还抄下唐宋时期的诗词，教蒋士铨朗诵。蒋母和蒋士铨都体弱多病，每当蒋母病痛难耐时，蒋士铨就问母亲："有什么药可以治疗母亲的病呢？"蒋母这时就说："你能把读的书背给我听，我就高兴了，我的病就好了！"于是铨诵读声琅琅然，和草药沸腾的声音混合在一起，蒋母微笑说："我的病好很多了！"从此以后，每当母亲有病，蒋士铨即持书在旁边诵读，而母亲心情愉悦，病很快就能缓解了。

过了几年，蒋士铨的父亲终于在鄱阳安排妥当，蒋士铨一家得以团聚。蒋士铨的父亲脾气急躁，每当蒋士铨读书稍有懈怠，便好几天不理睬蒋士铨。这时慈爱的母亲便走过来，叫蒋士铨跪在地上，直到把书背熟后才肯放过。因此，蒋士铨从来没有因为贪玩而荒废学业。

蒋士铨二十二岁时，离别了母亲，外出考试，考中了秀才，后又考中了举人。蒋母每次思念他时，就写诗一首，却从不寄出。后来，蒋士铨回到家中已是深夜，看见母亲仍在劳作，就更加感叹母亲的恩德，发誓更加刻苦读书，便写下了一首《岁暮到家》，诗云：

> 爱子心无尽，归家喜及辰。
>
> 寒衣针线密，家信墨痕新。
>
> 见面怜清瘦，呼儿问苦辛。
>
> 低徊愧人子，不敢叹风尘。

蒋士铨到家后不久，他的父亲去世。

一天，有位南昌的老画师来到鄱阳，八十多岁，白发长过两耳，擅长画人的相貌。蒋士铨请他来给母亲画一幅小像。蒋母说："只希望儿子勤勤恳恳就可以了，在夜晚织布机声里听你念书，我的愿望就够了，也没什么想法了！"于是，蒋士铨从母亲那里退出来，把她的要求告诉了画师。

画师画了秋夜的景色，堂屋四面空敞透亮，中间挂着明亮的灯光；屋外有一棵高大的梧桐树，树影落在屋檐上；堂屋的中间有织布机，蒋母坐在织布机边正在织布，蒋士铨的妻子坐在蒋母的旁边摇着纺车；屋檐下横摆了一张书桌，映着烛光，靠着窗栏上读书的是儿子蒋士铨。画师画好后，蒋士铨母亲十分欣喜。因此，蒋士铨把蒋母勤劳的一生记录下来。原文如下。

母曰："苟吾儿及新妇能习于勤，不亦可乎？鸣机夜课，老妇之愿足矣，乐何有焉？"铨于是退而语画士，乃图秋夜之景；虚堂四敞，一灯荧荧，高梧萧疏，影落檐际，堂中列一机，画吾母坐而织之，妇执纺车坐母侧；檐底横列一几，剪烛自照，凭画栏而读者，则铨也。阶下假山一，砌花盆兰，婀娜相倚，动摇于微风凉月中，其童子蹲树根捕促织为戏。图成，母视之而欢。铨谨按吾母生平勤劳，为之略。

深夜儿子琅琅的读书声，是疗治母亲疾病的一剂良药。蒋母十分重视孩子的早期教育，课读之严，古今未有。儿子也很理解母亲的良苦用心，终于不负母望，与袁枚、赵翼并称为"乾隆三大家"。

博学宋氏——古代女博士的家学传承

宣文君不仅是一位了不起的母亲，更是传承了中华文化的使者。那么，对于后世父母来讲，要学习宋母这种学而不厌、诲人不倦的精神。

宣文君是"十六国时期"前秦的女经学家。姓宋，人称宋氏，后来被皇帝赐封为宣文君。

宋氏身世可怜，幼年丧母，由其父抚养。父亲见她从小就很聪明伶俐，好学善问，觉得是可塑之才，便亲自向她传授儒家经典《周官经》。《周官经》是周公旦所编著的一部阐述儒家理想官制的典籍，对历代官制的建置，产生过深远的影响。宋家自古以来就以研究《周官经》为业，传到宋氏这一代时，由于家族无男丁，就由宋氏来传承。

当时天下大乱，战争不断，民生多艰。宋氏已经嫁人，随着丈夫，携带儿子韦逞，逃难山东，生活十分艰难。宋氏白天要砍柴，采摘野果，晚上回家教授韦逞学习《周官经》。儿子睡觉以后，她又操起纺车纺线，抚机织布，挣钱来供儿子求学读书。在宋氏的亲自教导下，韦逞对《周官经》很有造诣，被任命为专门负责祭祀礼乐的太常官。

后来苻坚当政，弘扬儒学文化，大兴学校，广招可以传授《周官经》的人才，结果招来的博士都说自己没有读过。这时博士卢壶走上前来，说："太常韦逞的母亲宋氏，深通儒家典籍，幼时即跟从父亲研习《周官经》，很有造诣。虽然年过八旬，不过身体很好，耳不聋，眼不花，思维也很清楚，看来只有这位老人才能担负起传授《周官经》的重任。"苻坚听了，又惊又喜，立即颁发诏旨，请宋氏来任教，并在都城设立《周官经》讲学堂，亲自招收学生一百二十多人，由宋氏给学生讲解《周官经》。

在宋氏的刻苦努力下，《周官经》之学不仅得以保存，而且又使其流传下来。为表彰宋氏的功绩，秦王苻坚赐她为"宣文君"，时人都称颂宋母的贤良。

在中国历史上，像宣文君这样有才华的女子，可谓少见。她为了继承父亲的学业，不论条件多么艰苦，都时常温习，后来又教子读书，培养下一代。到了八十岁时，为了《周官经》的传承，仍然坚守在讲课的第一线，才使得《周官经》的研究后继有人。

所以，从某种意义上说，宣文君不仅是一位了不起的母亲，更是传承了中华文化的使者。那么，对于后世父母来讲，要学习宋母这种学而不厌、诲人不倦的精神。试想，如果父母都如此爱学，孩子还能不孜孜不倦吗？

翟方进母——无怨无悔的陪读母亲

陪读的母亲，在古代就已经有了！你看，翟方进的继母为了儿子的志向，不惜舍家弃业，离乡背井，伴子求学，即使是亲生母亲，也很难做到这样。

西汉成帝年间，有一个大臣名叫翟方进，后担任汉朝丞相。翟方进出身寒门，早年丧母，后又丧父，小小年纪就到县衙担任杂役。翟方进有一位继母，善良勤劳，见他年纪尚小，不读书是不行的，就把他送进学堂，自己承担起生活的重担。翟方进天生愚笨，读书很费劲，常常别人已学会文章，他还要持续用功，熟读好久。继母见他十分刻苦，干活就更加有劲头，觉得生活也充满了希望。

过了几年，家乡的学堂已经不能满足翟方进的求知欲望，翟方进便准备到长安求学游历，继母自然全力支持。可翟方进年仅十三岁，又不是成人，孤身在外，继母如何放心得下呢？于是，翟母思前想后，便卖掉家中的田产，换了钱财，陪同孩子一起到长安，编织鞋子供其读书。翟方进十分孝顺，见母亲辛劳，常常要求和母亲一起织鞋，母亲屡次都回绝了他，让他以学业为重。于是，翟方进只好更加努力学习，不辜负母亲的教诲和期望。

翟母为了改善翟方进的生活条件和学习环境，没日没夜地织鞋不说，夏天为翟方进赶走蚊子，冬天宁可自己受冻，也要让翟方进穿得暖。翟方进年幼，又身处长安，远离故土，因此常常想家。每当这个时候，翟母就放下手中的活计，带着翟方进出去散心。等到翟方进心情稍微舒畅时，便回到家中，接着让翟方进学习。在这样艰苦的陪读环境里，翟母坚持了整整十年。

十年的时间里，翟方进学问大长，京师诸儒极为称赞，后以"射策甲科"任郎官。二十三岁时，翟方进举明经，调任议郎。汉成帝河平年间，转为博士。过了几年，被任命为朔方刺史，不久升京兆尹。当京兆尹期间，他严厉打击不法豪强，很有名望。永始二年（公元前 15 年）擢御史大夫，不久继薛宣为相，赐爵高陵侯。

程门贤母——让孩子学习有一套

程母为了激励两个孩子学习，还采取了"亲情激励法"和"志向激励法"。比如，她在孩子写字的书本上，亲笔写上"我爱读书儿"，就是通过母爱激励孩子读书上进。

程门立雪的故事在中国广为流传，讲的是宋朝人杨时拜访老师程颐，正值老师午睡，便不忍打扰，在门前恭候。等老师睡醒时，大雪已经深数尺了。这就是程门立雪的故事。

不过，我们要谈的是程颐母亲的故事，程颐之所以能够成为著名大儒，这与他母亲的家庭教育是分不开的。程家自宋朝开国以来，就一直是官宦家族。他的父亲是程珦，是北宋时期的官员，虽然不是三公级别的大官，但也屡次担任各个地方的知州，后封永年县伯。程颐的母亲是侯氏，姓名不详，也是出身名门，受过很好的家庭教育。程颐回忆说："幼而聪悟过人，女功之事无所不能，好读书史，博知古今。丹徒君爱之过于子，每以政事问之，所言雅合其意，常叹曰'某恨汝非男子'。"意思是，我的母亲自幼聪明过人，女红之事无所不能，爱好读史书，博古通今。外公爱女儿胜过爱儿子，每次问母亲政事时，母亲的回答总是典雅地表达自己想要说的，因此外公常常叹道："你不是男孩子是个遗憾啊！"

根据程颐的回忆，母亲十九岁嫁到程家后，治家有法，不严而整。不鞭挞奴仆，视小家奴如自己的儿女。每当兄弟二人呵责家奴时，母亲必然制止。道路旁有被遗弃的孩子，母亲就收养在家中。母亲还常常制作药材，救济生病的人。

有一次，有一个小商贩外出经商，没等到回家，妻子就死了，留下很小的孩子，程母就把小孩子接到家中抚养。后来这个小商贩回到家中，程母便把这个孩子交给了商人。由于程母收养了许多这样的孩子，家族有人就很反感，但是程母依然坚持了下来。

程母嫁给程颐的父亲后，先后生了五个男孩，一个女孩，但仅有两个最小的儿子程颢和程颐存活了下来。按照常理来讲，经历屡次丧子之痛的程母应该倍加疼爱程氏兄弟，但事实上并非如此，而是"爱之深苛之严"。程氏兄弟刚刚学习走路时，家人惧其摔倒，常抱着不放，她见后责备说："怕孩子摔倒，什么时候才能让他们学会走路呢？"每逢吃饭时，她总是让孩子坐在自己的身边，当孩子索要好食时，她就严加制止，说："幼求称欲，长当如何？"意思是，小时候贪图美味佳肴，长大后如何是好？

因此，在程母的教育下，程颐兄弟谦虚有礼貌，养成了很好的习惯。程颐回忆说："虽使令辈，不得以恶言詈之，故颐兄弟平生于饮食衣服无所择，不能恶言詈人，非性然也，教之使然也。"意思是，母亲即使教育我们兄弟二人，也从不恶言呵斥，所以我兄弟平生对于饮食、衣物从来不加以选择，从不恶语骂人，不是本性这样，而是母亲教导的缘故。

程母气度不凡，不慕荣华。要知道，程氏是大家族，人一多，就容易攀比，但程母及其孩子对亲戚间的不良做法视而不见。有一次程母的女儿不慎走失，程父、程氏兄弟及家人都十分担心，因此家中人人面露愁容，看起来非常沮丧。这时程母说："在当求得。苟亡失矣，汝如是将何为？"意思是，如果没有丢失，自然能找到。如果确实丢了，像你们这样又有什么用呢？

程氏兄弟自幼学习良好，常常被人称为神童，这时程母就给他们讲了孔融的故事，说："孔融小时候被称为神童，有一次，十岁的孔融想见当时的名人李膺，于是登门拜访。看门人问他是否认识，他说有亲戚关系。见到李膺后，李膺对他不熟，生气地问，'我与你有什么亲戚关系啊？'孔融回答说，'当年我家祖先孔子曾向你家祖先老子（姓李名耳）拜师，所以有师生关系。'过了一会儿，一个姓陈的人来了，有人对他讲述了孔融的话。陈先生说了一句：'小时了了，大未必佳。'（小时候很了不起，长大了未必如此）"程母用这个故事来告诫程氏兄弟戒骄戒躁，从此程氏兄弟更加安心读书、学习。

不仅如此，程母为了激励两个孩子学习，还采取了"亲情激励法"和"志向激励法"。比如，她在孩子写字的书本上，亲笔写上"我爱读书"，就是通过母爱激励孩子读书上进，谁读书读得好，妈妈就更加疼爱谁。所以程氏兄弟相互竞争学习，在学业上见高低。

俗话说："三岁看大，七岁看老。"程母十分了解两个孩子的性格，因此在长子程颢的书本上写了"殿前及第程延寿"，寓意为程颢必然殿前及第。而对于二儿子程颐，则在书本上写下了"处士"两字，意思是"自处的士人"。后来事情的发展，也正如程母预料的那样。程颢中了进士，继承祖业，仕途发展；而程颐则兴办学校，开课授徒。用程颐自己的话说，等到哥哥应试及第，我没什么才华因此没有参加科举，才知道母亲在我小的时候，就已经知道我的前途了。

当然，没有才华仅是程颐的自谦罢了。后来程氏兄弟被人称为二程，为宋代儒学大师朱熹的学说奠定了基础，被后人称为程朱理学。

后来程母随着丈夫到岭南，感染了疾病，返回家中，更加厉害。这时程母不忘叮嘱孩子祭扫外祖父的坟墓。不久，程氏去世了。程氏兄弟感恩母德，曾专程由洛阳来到母亲的出生之地——太原盂县去讲学。今盂县肖家汇乡兴道村的"程子岩"即由此得名。由于程氏兄弟名气很大，宋仁宗十分好奇，询问细查，发现是程母的功劳，所以在程母去世后，封程母为上谷郡君，予以褒奖。

林则徐母——寒门贵子诞生记

　　林则徐母亲十分严厉地说：“男孩子就要成大器，考虑长远的事情，怎能认为琐事就是孝道呢？读书扬名，才不辜负了我的一片苦心啊！”

　　林则徐，是清朝末年的政治家、思想家和诗人，曾任湖广总督、陕甘总督和云贵总督，两次受命钦差大臣。因其主张严禁鸦片，是虎门销烟的倡导者和执行人，在中国有“民族英雄”之誉。他的“苟利国家生死以，岂因福祸避趋之”的名言为后世推崇。同时由于他积极主张革新变法，向西方学习，在他的倡导下，翻译了许多外国报纸、著作，因此他也被称为“睁眼看世界的第一人”。

　　就是这样一个名垂青史的林则徐，出身却十分贫寒，因此上演了一幕“寒门贵子”的励志故事。这个故事十分值得我们深思。在这个故事中，林则徐的母亲又起到怎样的作用呢？

　　林则徐的祖父林正澄是一个穷困潦倒的教书先生，且英年早逝。到了林则徐父亲的时候，林家的情况是“家无一尺之地，半亩之田"。所以，林则徐的父亲林宾日幼年因生活所迫，直到十三岁时才读书，但他勤奋好学、自强不息，在父母相继去世、家中负债累累的情况下，终于在二十九岁时以县试第一考中秀才，转年乡试补为廪生。此后，他便有了官府津贴和教书的微薄收入。即使如此，等他还清债务后，仍然所剩无几，家庭生活十分困难。

林则徐的母亲叫陈帙，是一个落魄儒生的女儿，知书达理，颇有见识。林宾日夫妇育有三子八女共计十一个孩子，后来林则徐的哥哥夭折，弟弟也过继给了伯父。所以在古人看来，林则徐是家中的独苗，自然备受父母爱护，什么活计也不让他插手，而林则徐的任务就是读书。

虽说如此，林家毕竟还是贫困，加之人口众多，衣食无靠。因此林家的女儿们很早就在母亲的教育下做起了女红。晚上时，全家人就围着一盏孤灯，父亲教林则徐读书，女人们在旁边做家务。林则徐在《先妣事略》中回忆说："先妣工针凿，又善翦彩为草木之花。大者成树，其小至于一茎一叶，皆濯濯有生意。岁可易钱数十缗，遂资其值，以佐家计。不孝姊妹八人，皆以先慈之教，备传其妙。不孝夜分就寝，而先妣率诸姊妹勤于所事，往往漏尽鸡鸣尚未假寝。其他困苦之状，类非恒情所能堪者。不孝见而怃然，请代执劳苦或推让饮食，辄正色曰：'男儿务为大者、远者，岂以是琐琐为孝耶！读书显扬，始不负吾苦心矣。'"

意思是，我的母亲针线活十分出色，又善于剪纸，剪成的草木之花，栩栩如生。粗略地看，可以看到大的树木，仔细看，细微到茎叶，焕发着生机。每年用剪纸换来一些钱，可以补贴家用。我的妹妹八人，都在母亲的教育下，得到了真传。我读书时，到夜分就睡觉了，而母亲和妹妹们勤于女红，往往到了鸡鸣时分还没有休息。至于其他困苦的情况，不是常人所能忍受的。我对此十分忧愁，就请求帮助母亲，或把自己的饭食推给别人，可母亲却十分严厉地说："男孩子就要成大器，考虑长远的事情，怎能认为琐事就是孝道呢？读书扬名，才不辜负了我的一片苦心啊！"

林则徐自幼就生活在这样一个"半饥半寒，迁就度日"的贫困家庭中，除夕之夜全家才能吃上一次素炒豆腐，点一次两根灯芯的油灯。平时想买本书，林则徐都要"每典衣以购之"（典当衣服来购买）。虽然如此，徐母却始终是积极乐观的，有时林则徐读书读累了，母亲就拿自己开玩笑，讲着自己经历过的辛酸往事来激励林则徐。因此，林则徐日后为官，清正廉洁，为民请命，一心为国，这正是徐母教育的结果。

林则徐十二岁时，参加了府试，并获得了第一名的好成绩。十三岁时，林则徐考中秀才。后来，林则徐父母为了孩子能够接受更好的教育，便不顾家中清贫，毅然将儿子送进当时福建的最好学府——鳌峰书院读书。果然不负众望，林则徐于二十岁中举，开启了仕途之路。

宋朝时期的张载在《西铭》中说："贫贱忧戚，庸玉汝于成。"意思是，贫穷卑贱和令人忧伤的客观条件，可以磨炼人的意志，辅助一个人的成功。林则徐的双亲皆百折不挠，这种积极向上的精神是林则徐一生的财富。况且林则徐小时候历经生活困苦，从小受到磨炼，这是他人生中宝贵的一课。

第四章·正心篇

好妈妈让孩子
心中充满正能量

陶母教子——做一个正直的人

世上做母亲的，如果都能像陶母一样教育子女，国家又何愁没有栋梁之材呢？天下还会有作恶而不懂道理的人吗？

陶侃是东晋名将，他出身贫寒，后来位极人臣，掌管全国军事，多次平定叛乱，稳定了东晋政局。其曾孙为著名田园诗人陶渊明。

陶侃的母亲是湛氏，是一位贤良且教子有道的母亲。陶侃自幼丧父，所以陶侃在外祖父家长大。陶母以纺织谋生养子，供陶侃读书学习。陶母家教严谨，督促孩子惜阴读书，长大以后建功立业。所以陶侃在母亲织布时，在一旁读书写字，鸡鸣后下地劳作。因此，陶侃虽然没有受到多好的教育，却也可以读书万卷，精通兵法，体格强健，深知百姓疾苦。

陶侃长大后，在当地县衙里做官吏。此时陶侃想到母亲一生苦难，便在回家的时候带了一坛鱼奉献给母亲。不料母亲非但没有高兴，反倒怪罪他说："汝为吏，以官物见饷，非惟不益，乃增吾忧也。"意思是，你身为官吏，拿官家的东西来讨好我，不但不能给我带来好处，反而会增加我的担忧啊！随后，陶母继续干活去了，再不肯理睬陶侃，直到陶侃认识到自己的错误，并真诚地跟母亲赔罪。

后来，当时的儒生范逵到陶侃家做客，二人交谈甚欢，聊着聊着到了吃晚饭的时刻。此时的陶家根本没有好酒肉来招待贵客，于是陶母安慰陶侃说："你去陪客人吧，范逵是有名的儒生，你好好和他交谈吧，不用担心这里。"陶侃听后，便放心地向范逵请教去了。

俗话说，巧妇难为无米之炊，此时陶母能有什么好办法来置办酒席呢？她只好剪下自己多年的长发，到集市上卖掉换来酒、米、肉等，准备了一桌丰盛的晚餐。此外，还把被褥拆掉，拿出其中的褥草。切碎后，将范逵的马仔细地喂了。范逵告别时，陶侃相送百余里，范逵很是感动。几年后，范逵被朝廷任命为太守，当时正好有一个县令的职位空缺，范逵便推举陶侃为县令。

陶侃在上任之际，陶母把儿子叫到跟前，语重心长地叮嘱道："咱们家境贫寒，你初次为官，母亲只希望你能不因家贫而贪！"随后，陶母将一个包裹交给陶侃，叫他上任后再打开。陶侃来到官府后，打开一看，有一只土碗，里面装着一些土块，还有土白布一块。陶侃看后，马上就明白了母亲的良苦用心。土碗是告诫自己不要贪图荣华富贵，要坚守自己本色；土块是告诫自己永记家乡故土，不忘根本；土白布则要自己为官清白，清正廉洁，不忘初心，干干净净做人。母亲这番委婉而有心的劝诫，深深打动了陶侃的心。后来陶侃在仕途上果真如母亲所望，始终正直为人，清白做官。

后来，陶侃的官职越做越大，但并没有骄奢淫逸，而是始终遵循母亲的教导，始终保持着"恭而好礼""引接疏远，门无停客"的待人作风。一次，陶侃犒赏手下官吏，同官员们喝起酒来。俗话说，酒逢知己千杯少，正在兴头上，陶侃却中断了大家的酒水，说道："我年轻时曾因喝酒而误事，因此母亲给我限定了饮酒的数量，所以不敢逾越。"

不仅如此，陶侃还常常对下属说："大禹是圣人，还十分珍惜时间，可我等凡夫俗子，为什么还要喝酒误事呢？"由此可见，陶侃执行母亲的教诲是多么严格啊！因此后人赞颂道："世之为母者如湛氏之能教其子，则国何患无人材之用？而天下之用恶有不理哉？"意思是，世上做母亲的，如果都能像陶母一样教育子女，国家又何愁没有栋梁之材呢？天下还会有作恶而不懂道理的人吗？

在中国历史上，陶母的故事传为美谈。东晋时官府特为陶母住所立坊，名为延宾坊，将屋边之桥命名为德化桥，以此表扬这位贤母。北宋范仲淹主政此地时，下令于德化桥头立"延宾坊故址"巨碑，供人瞻仰，以此宣扬陶母"截发延宾"的事迹。以后的宋代名人，如欧阳修、王安石、苏轼、杨万里、文天祥等都到此游历并赋诗赞誉"陶母教子"。

其实，世间的道理就那么多，成功者只不过能够长期遵守罢了。陶母不追求荣华富贵，劝子清廉。在陶侃做了错事时，能够及时纠正儿子的邪心。如此匡正人心的家风，值得我们现代人继承和发扬。

贤母告诫——不贪意外之财

一个正直正义的母亲往往造就一个心正的孩子。一个心正的孩子，如果再有真才实学和真本事，以后发展的前途必定不可限量，未来贵不可言。

元朝时期，有个靠卖菜为生的人，一天在回家的路上，捡到一个口袋。打开后发现里面有十五串钱，心想："嘿嘿！这下发财了，这十五串钱够我起早贪黑干半年呢！"于是卖菜人没有声张，赶忙藏了起来，又拿出一串钱去买了好酒好肉，大有改善伙食、好好庆贺一番的念头。

回到家后，老母一看，卖菜人买了平时难见的酒肉，就问儿子是怎么一回事？儿子如实告诉了母亲，母亲听后立马变了脸色，训斥儿子道："你捡了别人的钱，失主该有多着急啊，况且不是我们的钱财我们不能要。"儿子说："这钱又不是偷的，也没人知道是我捡了钱。再说了，我又不知道失主是谁，我送给谁啊！"

母亲说："你从哪里捡的，就到哪里去等，肯定会有失主来寻找的，不要啰唆了，我陪你一块去。"然后又自己补齐了卖菜人花掉的钱。

卖菜人见母亲执意如此，也没有办法，只好带着母亲来到捡钱的地方，等候失主。果然不久后，看到了寻找东西的人，母子俩心地淳朴正直，竟然没有问那人丢了多少钱，就把钱袋子还给那人了。不料失主是个黑心肠的家伙，查验过后，说："我明明丢了三十串，这里却只有十五串，另外的十五串呢？"

卖菜人一听就傻眼了，还是母亲见过世面，压得住阵，质问儿子说："你确实捡到十五串吗？"

"我看到时，就是十五串，绝对没有私藏。我就说不要来还钱，你非不听，现在好了吧！"儿子埋怨道。

双方谁也说不清楚，就来到了县衙，请县令审理此案。当地的县官是聂以道，以明察秋毫著称。他听完双方的陈述后，没有轻易下结论，便将三人分开审讯，发现母子双方的供词完全一致，因此断定卖菜人没有撒谎。

聂以道心里有了数，重新回到堂上，问那卖菜人："你捡到的钱袋子里确实是十五串吗？"卖菜人说是。聂以道又问失主："你丢的是三十串吗？"失主仰着脖子说没错。于是，聂以道让文书按照他俩的原话一字不差地记录下来，然后让他们核实，准确无误后，签字画押，判决道："既然卖菜人捡到的是十五串，失主丢失的是三十串，可见这十五串钱不是这位失主丢失的，你丢失的三十串钱应该还在别的地方，你往别处寻找吧！"失主见县令如此判决，心里很是不满，但因自己理亏，不敢发作，又不甘心离去，随后被聂以道轰出了县衙。

这时，县令对卖菜人说："这十五串钱，本应交与官府，等待真正的失主来寻找的，但依我看，不会再有失主来了。因为这是上天赐给你赡养贤母的钱，你好生收下吧！"跟来的路人们听了无不拍手称快！

　　这个故事，记载在元代学者杨瑀所著的《山居新语》中。故事中的母亲心地善良，能够推己及人，想到失主丢失钱财的心情，以身教子不贪图钱财，与人方便。谁知却遭恶人反咬一口，最后庆幸的是，好人终究有好报。

姚母试子——母亲偷了东西，你就包庇吗

父母在传授孩子人生道理时不要枯燥地说教，应该设计一个剧情或场景，给孩子难忘的深刻体验。对于这种教育方法，我们可以称为体验式教育。

姚梁，清朝乾隆年间进士，曾任军机处行走，参与军国大事。姚梁为官清廉，政绩累累，备受世人尊敬，这得益于姚梁从小受到的家庭诚信教育。在姚梁的家乡流传着姚母试子的故事。有一年，朝廷委任姚梁重任，要他去各州府查办贪官污吏，核实案件。姚母知道后，深怕孩子有负使命，决心要试他一试。

一天黄昏，姚梁正从外面办公回来，便被母亲挡在了门口，说："梁儿，我中午煮了一大碗香蛋，本来好端端地放在橱内，打算晚上吃的。后来一看少了几个，莫非是媳妇或家丁偷吃了，这可不行。你得替我查一查，我得严惩家贼！"

姚梁听了觉得很是好笑，心想老人家也是小气，不就是几个鸡蛋吗？又不是什么贵重财物，何必这样认真呢？便对母亲说："几个鸡蛋丢就丢了，追究它干什么呢？"结果姚母却格外严肃认真地说："这点小事都处理不好，怎么能上

州下府去查案呢？"姚梁是个聪明人，一听就明白了母亲的用意，随即命人拿来了几个脸盆、水杯，盛上清水，叫上妻儿、仆人等，分给每人一个脸盆，一只水杯，吩咐大家一齐漱口，并把口水吐入各自面前的脸盆中，唯独落下了母亲。

姚梁一个个仔细地查看过去，家人脸盆中的口水都清清的，并没有人偷吃鸡蛋。于是，他如实向母亲禀报。母亲说："一定有人偷吃，你再去调查吧！"姚梁无奈，只能硬着头皮说："家人确实没人偷吃，要偷吃只有母亲了。"

姚母反问道："我自己偷吃，还告诉你啊！"这时，姚梁说："偷吃与否，试试就知道了！"这时当着全家人的面，姚梁如此顶撞母亲，姚母本应难堪到了极点，没承想姚母却大笑起来，说："你做事细心，不避亲属，我可以放心了。"这时，家人们也都恍然大悟，了解了姚母的良苦用心。

几天后，姚梁外出查案，全部秉公办理，该赏则赏，该罚则罚，时人称他为"姚铁面"，而这一切的背后是姚母一直以来对他的教诲与支持。

范滂别母——苏轼的偶像是这样炼成的

大文豪苏东坡在读书时，看到《后汉书·范滂传》时，立志要做一个像范滂一样的人。这时，苏东坡的母亲说："你想成为范滂，我怎能不做范滂的母亲呢？"

范滂是东汉的大臣，与刘表等人并称为江夏八俊。范滂为人正直，当时冀州发生饥荒，盗贼四起，朝廷让范滂做清诏使，前去查明情况。经过范滂的查访，事情真相竟是官逼民反，便搜集了刺史在内的二十多名贪官污吏的罪行，上奏了朝廷。朝廷见范滂弹劾人数太多，便怀疑他挟私报复。于是，范滂回答说："臣闻农夫去草，嘉谷必茂；忠臣除奸，王道以清。若臣言有贰，甘受显戮。"

意思是，我听说农夫除草，庄稼就茂盛。忠臣除去奸恶，王道就会澄清。如果臣的言论有错误的地方，愿意受刑处死。朝廷见范滂言之凿凿，相信了他的话，于是冀州得以安定。

由于范滂过于耿直，使得他在当时东汉末年黑暗的政治环境中，得罪了很多权贵，最后被敌对势力诬陷为朋党，关到狱中。当时同范滂一起在狱中的，有许多病重者和年老者。

因此在接受审讯时，范滂主动请求先上刑床。后来，案件查清，范滂无罪释放，汝南等地迎接范滂的车辆竟有数千。

公元 169 年，汉灵帝下诏大批逮捕诛杀"党人"，范滂也在被捕名单中。由于范滂深得民心，当地的县官都不忍心捉拿他。范滂在家苦等几日，不见有捕快前来，准备自首，临行前，对母亲说："有弟弟仲博孝敬您就够了，我跟随先父去黄泉，是死得其所。只是希望母亲大人割舍这难以割舍的恩情，不要再增添悲伤了。"

他的母亲坚定地说："汝今得与李、杜齐名，死亦何恨！既有令名，复求寿考，可兼得乎？"意思是，你现在能与李膺、杜密齐名了，死了又有什么遗憾呢！既然已经有了美好的名声，又希望求得长寿，能同时得到吗？

李膺、杜密是当时著名的好官，因"党人"事件被免官回郡，二人一同坐罪，由于两人名气很大，故时人称为"李杜"。于是范滂跪着接受母亲的教导，拜了两次就辞别了。范滂就义时，年仅三十三岁。到了宋朝时，大文豪苏东坡在读书时，看到《后汉书·范滂传》时，立志要做一个像范滂一样的人。这时，苏东坡的母亲说："你想成为范滂，我怎能不做范滂的母亲呢？"

范滂别母的故事，给中华文化留下了一段千古绝唱。后人在评论范滂的义举时，如此评价："范滂之清正，扫东汉末年之浊流；范滂之不屈，羞大廷庙堂之官宦。激素行以耻威权，立廉尚以振贵势，使天下之士奋迅感慨，波荡而从之，幽深牢破室族而不顾，至于子伏其死而母欢其义。壮矣哉！"

意思是，范滂的清正，一扫东汉末年的浑浊风气；范滂不屈的精神，让朝廷大员无地自容。他平易近人，让仗势欺人者望风而逃。他廉洁高尚，震慑权贵，他的义举，振奋人心。他幽居深牢，不顾自己的安危，到了为正义而死的那天，母亲反倒高兴他的义举。真是壮烈啊!

张母计氏——教育孩子要随时随地

张母对张浚的教育，可谓时时刻刻、随时随地。不过她并不是强硬地说教，而是寓理于事，有理有据。每当张母见到具体的事物时，总能阐发深刻的道理，一方面传授了张浚生活的知识，另一方面也有利于张浚正心明道。

岳飞抗金的故事广为流传，发现和提拔岳飞的人却没几个人知道。他就是张浚。张浚是宋朝的宰相，力主抗金，曾弹劾奸相秦桧。

张浚四岁丧父，母亲是计氏，是出身名门的大家闺秀。由于张浚很早就死了父亲，所以教育张浚的重担就落在了母亲的身上，而张母采取的办法则是时时刻刻的教育。只要有机会、有时间，张母总要教育张浚要行为端正，或者传授生活的道理和知识。在母亲的教育下，张浚"行直视端，不说诳言"，人人都预料到他将来必定成大器。

等张浚该到学堂读书的时候，母亲便拿来他父亲生前的文章，讲述他父亲生前的故事，教他刚正不阿。吃饭时，张母用"谁知盘中餐，粒粒皆辛苦"的道理教导他珍惜粮食。

织布时，张母用"慈母手中线，游子身上衣"来教育张浚遵守孝道。等到母亲下地从事农业生产时，张母则用"四海无闲田，农夫犹饿死"教导张浚不欺压百姓。后来等到张浚到国子学（宋朝的最高教育学府）读书时，张母又写下十条准则，告诉他勿忘家业。

张浚在母亲的教导下，成长很快，二十几岁就中了进士。后来北宋被金国灭亡，张浚又率军接应皇帝。南宋立国后，力主抗金，提拔了岳飞、韩世忠等将领，取得了多次胜利。后来秦桧任宰相，坚决主和，张浚大为不满，准备弹劾秦桧。但张浚为人孝顺，深知此举会波及母亲。母亲说："臣宁言而死于斧钺，不能忍不言以负陛下。"意思是，臣宁可死于斧钺之下，也不愿意不说话，辜负了陛下。

张浚一听就明白了，原来这是张浚父亲生前说的话。张浚听后下定决心，直言抨击秦桧，结果为奸臣陷害，被贬他乡。临行前，张母对他说："汝以忠直得祸，何愧？惟勉读圣人书，无以家为念！"意思是，你因为正义招致灾祸，这有什么可惭愧的？望你日后多读圣贤书，不要想家。

于是，张浚带着母亲的叮嘱上任了。几年后，张浚母亲去世，终年七十九岁，被朝廷追赠为秦国夫人。张浚在家丁忧几年，后来秦桧病死，金兵再次南犯，张浚升任宰相。1164年，张浚病逝，终年七十三岁。宋孝宗念及张浚的忠烈，加赠太师，赐谥号"忠献"。

严延年母——什么是真正的孝顺

虽然父母苦口婆心，尽力教育和挽救，但孩子始终执迷不悟，父母也无能为力。至于结局如何，只能看孩子自己的造化了。

严延年，西汉酷吏。自幼学习法律，思维敏捷，很有才干，曾任西汉河南太守。河南郡当时强盗横行，世家大族欺辱百姓，无法无天，但严延年到任仅一年，地方治安很快好转，其原因就是严延年治理地方用了严刑峻法。在严延年执政期间，无论是谁，稍有错误，经过严延年一番诡辩便成了大罪。定罪之后，严延年从不跟属下商量，直接上呈朝廷，朝廷阅后找不出毛病，只能同意。

朝廷同意后，严延年行动迅速，小罪立即执法，不讲情面，但死刑不由得严延年。由于汉朝法律规定，只有冬月才能处决死刑犯，因此每到冬天，就会看到河南各县的死刑犯集中于洛阳，一起处决，常"流血数里"，河南百姓称他为"屠伯"。严延年如此做法，别说强盗豪族不敢违法，就连百姓们也都战战兢兢，生怕犯了小错而丢掉了脑袋。后来严延年执法严峻到了令人发指的程度，不仅搅扰百姓，还波及周围郡县。在他的这种治理方法下，虽然短时间内治安立马好转，但也民怨沸腾。可严延年却自鸣得意，认为自己尽到了责任。

令人惊奇的是，如此残暴的严延年，竟然十分孝敬母亲。一次，严延年邀请老母来到治所，想要好生赡养。等到严母刚到周围郡县时，就已经听到责骂诅咒严延年的声音了。到达治所后，更是碰见押解大批死囚集体处决的场面。严母大惊，于是立即停车，不肯前进。马上叫人命严延年出府，迎接母亲。

严延年一听母亲已经到了，急忙兴冲冲地出门迎接。谁知刚见到母亲，母亲上来就把他的官帽子打掉了，责骂道："你侥幸获得郡守的官职，得以统治千里的土地，没听说你用仁爱教化风气，保全百姓，却多用刑罚杀了许多人，用来显示你的威风，难道这就是父母官的做法吗？"

于是，严延年叩首谢罪，母亲这才进入家门。过了一些天后，严母见严延年仍然不改变做法，又对严延年说："天道神明，人不可独杀。我不意当老见壮子被刑戮也！行矣！去汝东归，扫除墓地耳。"意思是，天道神明，怎么能随意杀人呢。我不愿意老了还要看到壮年的儿子被处死，我还是回家给你准备墓地吧！说完，便离开了严延年，回到家后，真的准备了墓地。

一年后，严延年果然被朝廷判处死刑。整个家乡，都称赞严母有先见之明。后来严母吸取了严延年的教训，要求其余四个孩子以严延年为戒，于是严延年的四个弟弟虽都做了大官，却得以善终，严母因此也被称为"万石严妪"。意思是，有着万石粮食的母亲，足见其家庭教育的成就。

第五章　明理篇

明理的妈妈才能
教出明理的孩子

苏轼母亲——教孩子读书明理

国家的兴盛衰败没有不来源于妻子的，今天从程夫人（苏轼母亲）身上来看，可见古人的话是可信的。她，贫穷时不拖累丈夫，富裕时不拖累孩子，懂得通过学习来光大门楣，用正道直行来为人处世，荣耀于世。

苏轼，中国历史上鼎鼎大名的文学家。近代文学大师林语堂曾说："像苏东坡这样的人物，是人间不可无一，难能有二的。"法国《世界报》组织评选1001—2000年间的"千年英雄"，全世界一共评出十二位，苏东坡名列其中，是唯一入选的中国人。那么，如此伟大的苏轼，他的母亲又是怎样教育的呢？

苏轼的母亲程氏，是眉山大理寺丞程文应的女儿，十八岁时嫁到苏家。当时程家富裕，苏家相对贫寒。程氏嫁过来后，相夫教子，孝恭勤俭。族人们见了，发现没有丝毫傲慢、懈怠等可指责的地方。有的族人出于好心，劝她向娘家求助，自己不用如此辛劳。程氏却说："我当然可以这样做，但万一有人说我的丈夫吃软饭，靠妻子的娘家养活，我该怎么办呢？"

程氏的丈夫是苏洵，也是唐宋八大家之一，他一直在游山玩水，直到27岁才开始发奋读书学习。一天，苏洵对妻子说：

"我思前想后，现在学习还不晚，然而我还要赚钱养家，如果学习，家中就没有收入，怎么办？"他的夫人程氏回答道："我很早就想劝你学习了，只是不想逼迫你，让你认为是为了我才学习的。如果你真的有志向，我可以独自承担起家庭的重担。"于是，程夫人变卖自己的首饰、嫁妆等一切非必需品，几年以后，家境才逐渐转好。

程氏和苏洵生有三个儿子，长子苏景夭折，次子叫苏轼，三子叫苏辙。苏洵、苏轼、苏辙皆是唐宋八大家之一，世人称为三苏，其中苏辙还做过宋朝的宰相。苏轼和苏辙小的时候，程氏就开始教授他们诗书，常常告诫他们说："汝读书，勿效曹耦，止欲以书生自名而已。汝果能死直道，吾亦无戚焉。"意思是，你们读书，不要效仿同辈人，获得读书人的名声就停止了。如果你们能为正道而死，我也没什么忧愁悲哀的。

有一天，程氏在给苏轼兄弟讲《范滂传》时，苏轼看到范滂刚正不阿，为官清廉，便说："我以后要成为范滂那样的人。"程氏说："你要成为范滂，我就不能成为范滂的妈妈，深明大义吗？"后来，二子同年登进士第。

苏轼母亲不仅重视孩子的学业，还十分重视孩子的品德教育。苏轼在《记先夫人不残鸟雀》中提到：苏轼小的时候，常常和孩子们一起捕捉麻雀。程氏知道后，严厉训斥了苏轼，并告诉他们要有仁爱宽厚之心，不可随意残害小生命。

后来，苏轼在《记先夫人不发宿藏》又记载了一件程氏不接受不义之财的故事：当时苏轼一家刚刚搬进新居，便发现前人窑藏的一坛金银，这个意外收获对平常人来说是个极大的惊喜。可程夫人却命人重新埋好，并把土夯得严严实实。并用此事教育苏轼兄弟明白"君子爱财，取之有道"。后来苏轼在《前赤壁赋》中写道："天地之间，物各有主，苟非吾之所有，虽一毫而莫取。"很有可能就是受到了母亲的启发。

由于程氏苦心经营家业，到了程氏晚年时，自家的财物已经盈余很多，就感叹说："是岂所谓福哉！不已，且愚吾子孙。"意思是，这难道就是福气吗？如果不停止的话，就是愚昧我的子孙啊。于是程氏救济生活困窘的族人和亲戚，为他们嫁女娶妻，使他们有产业。对于有急难的同乡人，也时常帮助他们。等到程夫人去世的时候，家中没有可供一年使用的财物储备。

程氏去世后，司马光在《武阳县君程氏墓志铭》中称赞说："古之人称有国有家者，其兴衰无不本于闺门，今于夫人益见古人之可信也。贫不以污其夫之名，富不以为其子之累，知力学可以显其门，而直道可以荣于世。寿不充德，福宜施于后嗣。"意思是，古人说国家的兴盛衰败没有不源于妻子的，今天从程夫人身上来看，可见古人的话是可信的。她，贫穷时不拖累丈夫，富裕时不拖累孩子，懂得通过学习来光大门楣，用正道直行来为人处世，荣耀于世。她的寿命不符合德行，是因为要留下福运延续后世啊！

曹氏之母——如何调和两个孩子之间的矛盾

　　曹操娶到这样的妻子，是曹操的幸运，也是曹丕、曹植的幸运。自古皇室兄弟相残的惨剧从未断绝，而卞夫人能够调和兄弟二人之间的矛盾，尽到了母亲的责任。

　　众所周知，曹操是三国时期著名的军事家、政治家、文学家，三国时期魏国的开创者。曹操的妻子，也就是武宣卞皇后，曾经是一名歌女，靠四处卖艺为生。曹操因其貌美，娶其为妾。卞夫人为曹操生下曹丕、曹彰、曹植、曹熊四个儿子，加上性格贤良恭俭，于是便将她扶立为正，成为曹操的正式妻子。

　　曹操被汉献帝立为魏王后，便立曹丕为世子，也就是曹操王位的继承人。这时众位大臣都去向卞夫人贺喜，并说："将军（曹丕）被立为王太子，天下都为之高兴，王后应当好好庆贺，重重赏赐群臣啊！"卞夫人说："王自以丕年大，故用为嗣，我但当以免无教导之过为幸耳，亦何为当重赐遗乎！"意思是，魏王因为曹丕年长才立他为世子，我应该以没有教育失败而感到庆幸，哪里还有脸要重赏呢？有人把这话带给曹操听，曹操很高兴，说："怒不变容，喜不失节，故是最为难。"意思是，生气却不改变面容，高兴却不失去礼节，才最难得啊！

有一次，曹操打了胜仗回来，缴获了很多珠宝，先给卞夫人送去，供其挑选。谁知，卞夫人却只选择了一个中等货色的。曹操大为不解，卞夫人说："选择太好的，是贪心；选择太差的，是虚伪。"曹操听到后，更加认为她贤良。

曹操死后，曹丕即位，逼迫汉献帝退位，建立魏国，自己当了皇帝。曹丕的弟弟曹植在曹操活着的时候与曹丕争抢过皇位，况且曹植文采出众，是读书人的领袖，于是曹丕认为曹植对自己威胁很大，就想杀掉他。有一天，他让曹植七步成诗，如果做不出来，便以此为借口，说曹植的学问才华是假的，诗文也是别人代做。曹植七步成诗后，留下了著名的《七步诗》。

按理来说，此时曹丕应该放曹植一条生路，可曹丕依旧斤斤计较，不想放弃机会。这时卞夫人说："你们兄弟二人都是我的亲骨肉，你如此逼迫弟弟，难道不是因为他有错吗？他如果有错，难道不是我没有教育好吗？如果你执意如此，不如就责罚我吧！况且现在魏国刚刚建立，你就杀了弟弟，不会让人怀疑你这皇位的来源吗？不如尽释前嫌，天下人看到曹家骨肉齐心协力，也就没人敢反对了。"曹丕听后，感到母亲教育的是，就放了曹植，封他做了陈王。

卞皇后于公元 230 年去世，当时曹丕已经于四年前去世，卞皇后去世两年后，曹植去世。虽然曹植的政治理想没有实现，但在险恶的政治环境中能够善终，也是卞夫人的功劳啊！《世说新语》对卞夫人评价道："性节俭，不尚华丽，有母仪德行。"意思是，性格崇尚节俭，不贪慕虚荣华丽，有母仪天下的德行。

章帝养母——在家为众女师范，在国为母后表仪

马皇后本来没有子嗣，但因为贤惠的品质，赢得了太后和丈夫的喜欢，虽然没有生育能力，但也没被打入冷宫，还有资格抚养孩子。在马皇后的抚养下，汉章帝没有沾染皇家公子哥的坏毛病，即位主政后，延续了汉明帝制度，史称明章之治。

明德皇后马氏，是东汉伏波将军马援的三女儿。由于马氏的两个哥哥相继夭折，所以她是家中的大姐。马氏父亲去世后，母亲也卧床不起，家中一切事宜便由马氏代理掌管。当时的马氏年仅十岁，就把家中大小事务打理得井井有条，史书称她："身长七尺二寸，方口，美发。能诵易，好读春秋、楚辞，尤善周官、董仲舒书。"意思是，身长七尺二寸，方口，美发。能背诵《易经》，好读《春秋》《楚辞》，更擅长《周官》和董仲舒的文章。

马氏十三岁时，被堂兄推荐给光武帝刘秀。刘秀见后，通过简短的交谈，很快就喜欢上了这个十几岁的小姑娘，就安排她在太子宫中做事。随后，由于马氏做事积极稳重，又讨得阴太后的喜欢，太后常常夸奖马氏温柔贤淑。于是，和

光武帝刘秀商量后，嫁给了太子刘庄。

成婚之后，马氏独得太子恩宠，但始终没有孕育。阴太后只好又给太子刘庄安排了别的侍妾，其中就有贾氏。贾氏也是世家大族出身，但为人有些骄横，远没有马氏那么讨人喜欢。贾氏入宫没几年，便生下皇子刘炟，刘庄见贾氏实在不适合做孩子的母亲，便将孩子交与马氏抚养。

开始时，马氏并不同意，这时刘庄说了一句著名的话。他说："人未必当自生子，但患爱养不至耳。"意思是，世上并不是每个人都能够生育孩子的，只是怕没有像亲生母亲那样呵护。于是，在刘庄的劝说下，马氏才同意抚养这个孩子。

其实，按照宫中的残酷"规矩"，贾氏生完孩子后，没有取得抚养权，要么被打入冷宫，要么就被流放宫外，甚至还可能招致杀身之祸，可是马氏和刘庄一直善待贾氏。马氏感谢丈夫对自己不育的体谅，悉心抚养这个孩子，对他的关怀无微不至。

汉光武帝去世后，刘庄即位，是为汉明帝。不久便立马氏为皇后，立皇子刘炟为太子。太子刘炟虽然知道自己的亲生母亲是谁，却十分亲近自己的养母马皇后。从马皇后身上，刘炟不仅得到了无私的母爱，更仰慕她的仁慈。

刘庄驾崩后，刘炟即位，是为汉章帝，并尊奉马皇后为太后，却对自己的生母没有尊封。这时马太后便劝说刘炟，怎奈刘炟执意不肯。马太后生活很节俭，不慕名利。有一次，汉章帝打算给舅舅多加封赏，马太后得知后，立马反对，说："前几天我路过娘家，看见从外面到马家请安的，像流水那样不停，马匹往来不绝，好像一条游龙，太招摇了，不能再给官帽子了。"汉章帝于是收回成命。

公元 79 年，四十二岁的马太后病逝于长乐宫，谥曰：明德皇后。同年七月壬戌，她与汉明帝合葬于显节陵。后世评价她说："在家可为众女师范，在国可为母后表仪。"

马皇后本来没有子嗣，但因为贤惠的品质，赢得了太后和丈夫的喜欢，虽然没有生育能力，但也没被打入冷宫，还有资格抚养孩子。在马皇后的抚养下，汉章帝没有沾染皇家公子哥的坏毛病，即位主政后，延续了汉明帝制度，史称明章之治。况且，汉章帝执政期间，马太后管理家族严格，并没有出现东汉后期长期的后宫干政的局面，体现出了马太后的深明大义。

楚子发母——将军改错，才能进家门

"现在你既然做了将军，士兵们没有吃好，你却吃着好饭好肉，这是为什么？你指挥士兵进入生死相争的战场，而自己却高高在上地享乐，即使能够取胜，也不能说是用兵的正道。你不是我的儿子，不要进我的门！"

春秋时期，楚国有个将军叫子发，史书上说他礼贤下士，因此手下人才济济。一次，他率领楚军同齐国对峙，由于齐、楚两国均为大国，直接短兵相接，后果不堪设想。但正因双方均为大国，谁也不肯先撤兵，齐楚两国都很纠结，子发也没什么办法。这时有个自称是小偷的人求见子发，说是有退兵的计策。子发的手下大臣都说一个小偷能有什么计策，况且与这种人交往，有失体统。

子发却说："一个人是不是贤能只有见面交谈才能知道，即使偷盗不是什么光明的事情，也应该问清缘由，再做定论。"于是，子发穿戴整齐，按照士大夫的礼节接见了这个自称是小偷的人。

二人交谈一番后，子发发现这个人确有退敌良策，便按照这个人的计划行事。开始的时候，这个人偷来了齐国将军的佩剑，子发还给了齐将。第二次，这个人偷来了齐将的头盔，子发又还给了齐将。第三次，这个人偷来了齐将的贴身腰刀，子发又还给了齐将。于是，齐将请求退兵，因为第四次，齐将很可能丢掉性命了。

然而，就是这样一个聪明睿智、深谙战争精髓的子发，在年轻时竟然也会犯错，幸好他的母亲及时指正，才最终避免悲剧。

有一次，子发受命出征攻打秦国，不料战争持久，粮草用尽，就派遣使者回国向楚王请求粮食，并顺便探望母亲。母亲问使者："士兵们都还好吧？"使者答道："士兵们吃不好，只能吃豆粒。"子发母亲又问："那将军呢？"使者说："您不必挂念将军，他每天有好饭好肉吃。"子发母亲听后，很是忧虑。

等到子发得胜归国时，领了赏赐，回家时却发现家门紧闭。子发敲了好久，也不见仆人开门，于是呼喊起来，却也没人应声。正想离去，听见母亲叫住他，说："你知道越王勾践伐吴的故事吗？当时有客人献给了他一壶酒，越王倒入江水的上流，好让士卒一同饮用，绝不独享。这样做虽然没有酒的味道，士兵们却无不用力，以一当五。后来又有人送来了一些精米，越王又分给士兵，虽然每人就那么一点，但士兵们却以一当十。现在你既然做了将军，士兵们没有吃好，你却吃着好饭好肉，这是为什么？你指挥士兵进入生死相争的战场，而自己却高高在上地享乐，即使能够取胜，也不能说是用兵的正道。你不是我的儿子，不要进我的门！"

子发听后，幡然醒悟，连忙认错悔改，母亲这才命人打开大门。

铁木真母——如何教导孩子团结一致

　　她，凭借顽强的毅力和超人的才干，在血雨腥风之中成功抚养大了成吉思汗众兄弟，体现了一个伟大母亲的仁德和智慧，因此被封为月伦太后，寓意月亮，是当之无愧的。

　　成吉思汗，原名为孛儿只斤·铁木真，是杰出的军事家、政治家，他的父亲叫也速该。当时的蒙古还没有统一的可汗，各个部落都有自己的首领，且相互攻伐，也速该就是其中一位。在一次战斗中，也速该俘获了成吉思汗的母亲——诃额伦。诃额伦在成吉思汗建立蒙古汗国的时候，被立为月伦太后，寓意是像月亮一样的伟大太后。

　　铁木真九岁时，也速该被仇人用毒药毒死了，其手下部众便生了异心，抛弃了月伦母子，带着全部财宝投靠了别的部落。当时铁木真和几个弟弟妹妹，加上庶母的子女，一共有九个孩子需要供养，因此生活十分艰难，月伦肩上的担子很重。为了养活众多的孩子，她沿着斡难河上下奔走，拾捡野果，挖掘野菜，四处狩猎捕鱼，几个孩子在这样艰苦的条件下长大。

等到铁木真稍大时，月伦便教他射箭捕鱼，协助自己供养弟弟妹妹。等到兄弟们都可以自己捕猎食物的时候，月伦便定下制度，不论是谁捕获了多少食物，都要全部上交到母亲手中，然后母亲再按照功劳统一分配。后来铁木真在军规中说：“战胜了敌人，我们共同分配获得的财物。我若是把战利品私吞，你们几个可以斩断我的手指！”

其实，人越在困难时，就越要团结。由于家中食物短缺，即使月伦不吃，那么多的孩子也吃不饱，因此孩子们常常因为食物而大打出手。这时月伦总是教导做哥哥的铁木真要忍让，还教育他们说：“成捆的箭折不断，握紧的拳头有力量，兄弟们团结才能发扬父亲的事业。”

随着铁木真等兄弟们渐渐长大，仇人们越来越恐惧，很怕月伦的孩子们替父亲报仇，就派了一群人准备把铁木真等兄妹全部杀掉。幸好铁木真只身掩护弟弟妹妹，弟弟妹妹才得以逃脱，而铁木真却被敌人捉了去。敌人将铁木真关押了起来，以此为诱饵，等着铁木真兄妹自投罗网。可敌人等了好久，都不见有人来，便放松了警惕，喝酒去了。这时铁木真的弟弟们才现身，在他们的共同努力下，制服了守卫，全家逃到了不凡罕山。

后来，铁木真逐渐联合了几个较大的部落，替父亲报了仇，又开疆拓土，做了蒙古人的大汗，称成吉思汗。然而，成吉思汗事业越做越好，仇人也越来越多，这时居心不良的人便买通巫师不腾格里，让他到处散播谣言，说：“上天的旨意是让铁木真的弟弟合撒儿执政。”当时的巫师在蒙古族内部很有威信，因此合撒儿呼声也就越来越高。

合撒儿是成吉思汗的亲弟弟，善于骑射，百发百中，箭无虚发。他虽然没有指挥千军万马，但是他一直担任着成吉思汗的卫队领袖，保卫着成吉思汗的安全。

在一次宴会上，成吉思汗的一个将军把听到的谣言说给成吉思汗。成吉思汗听后，很是愤怒，以为这是合撒儿的主意，就命人捉拿合撒儿。合撒儿得到消息后，急忙逃跑，请求母亲的帮助。月伦听说此事便叫来了成吉思汗，对他们说："记得你们兄弟小时候，铁木真只把我这一个奶吃完就饱了，合赤温、斡亦赤斤两个人合起来，连一个奶也吃不完，只有合撒儿胃口好，把我两个奶都吃完了。所以，只有合撒儿有射箭的力量与本领，能降服别人。现在，敌人灭了，你用不着合撒儿，就想把他杀了吗？"

成吉思汗见母亲如此说，怒火已消，于是兄弟二人相互交谈，误会化解。后来成吉思汗命人查找谣言的出处，又采用了些手段，稳定了自己的统治。

月伦不仅对成吉思汗兄弟十分慈爱，还收养了许多养子。由于当时蒙古常年对外征战，产生了许多孤儿，月伦便把他们全部收为义子，并教给他们做人的道理，生存的本领，后来这些义子中涌现了不少杰出的军事家，如失吉忽秃忽、博尔忽、曲出、阔阔出等人都为蒙古帝国的建立，立下了赫赫战功。

月伦作为一个女人是不幸的，她刚刚嫁人便被成吉思汗的父亲掳走。嫁给成吉思汗的父亲后，丈夫又被毒死，留下九个幼小的子女需要照顾。她凭借顽强的毅力和超人的才干，在血雨腥风之中成功抚养大了成吉思汗众兄弟，体现了一个伟大母亲的仁德和智慧，因此被封为月伦太后，寓意月亮，是当之无愧的。

　　况且月伦无论何时都教导孩子们要团结一致，共同对付敌人，这是她留给成吉思汗和后人最珍贵的宝藏。她用贴切的比喻和亲情，教育成吉思汗要有大丈夫的胸襟和气度，使蒙古族避免了一场内讧。同时，她给历史留下了一段母亲教子的佳话，这是后世父母应该学习的。

郑善果母——做孩子一辈子的监护人

上自皇后，下至大夫、士的妻子，每个人都有自己应该做的事情。人如果懒散的话，就会不遵守规矩并且自高自大看不起别人。我虽然不懂礼，但是也不能败坏自己的声誉啊。

郑善果是隋唐时期的名臣，他的母亲出身清河崔氏。崔氏是个极大的家族，因此郑母自幼受过良好的教育。史书上称郑母"性贤明，有节操，博涉书史，通晓治方"。意思是，郑母生性贤德聪明，做事坚持原则，有节操，她广泛地读过各种书籍，因此懂得处理事务的方法。郑善果的父亲是郑诚，是北周的将军，在一次作战中不幸遇难，留下郑母和年幼的郑善果。

由于父亲的原因，郑善果九岁就继承爵位；隋朝代替北周后，十四岁的郑善果又被隋文帝任命为沂州刺史。由于郑善果年幼，不会处理政事，郑母不得不"垂帘听政"。她常常坐在胡床上，在屏风的后边，听郑善果处理政务。如果郑善果判断准确，解析合理，郑母就很高兴。郑善果处理完毕后，郑母就马上让儿子坐下，母子两人相对谈话说笑。如果郑善果处理公务不公或随意发怒，郑母就回到后堂，蒙着被子抽泣，有时甚至一整天也不吃饭。这时年幼的郑善果就趴在床前请罪，不敢起身。过了一会儿，郑母说："我不是生你的气，是为你感到惭愧。你去世的父亲为官清正，从未听说过有私心，最后以身殉国，继之以死。我希望你也要有与你父亲一样的品质。儿童时候，你就继承了爵位，官至封疆大吏，这难道是靠你自身的本事得来的吗？你怎么不想想这些，却随便生气耍威风，任意骄傲享乐而败坏政事呢？那样一来，对内失去家风，丢掉官职爵位；对外又损害天子的法令而自取罪过。你小小年纪就成了孤儿，我又是一个寡妇，只有仁慈而缺乏威严，如果你不懂教训，辜负了你父亲的清名，我死之后，又有何面目见你的父亲呢？"

郑善果得以改正错误，任职一方，颇有政绩。后来隋炀帝登基，郑善果又随同隋炀帝到扬州。隋炀帝被害后，郑善果辗转投靠李家王朝。后来唐王朝建立，郑善果在长安做官，官至太子左庶子，封荥阳郡公，他把母亲也接到长安赡养。郑母常常织布，到深夜才睡去。郑善果体谅母亲，说："儿封侯开国，位居三品，秩俸幸足，母何自勤如是邪？"意思是，孩儿封了候，属于开国功臣，位居三品，俸禄充足，母亲为何还如此辛劳呢？

郑善果的母亲说："唉，我以为你已经长大并懂些道理了。今天听到你说这样的话，发现你还是不懂啊。这点小事都没弄明白，更何况是公家的大事情呢。你现在拿到的俸银，原本是天子为了报答你父亲为国捐躯才给你的。你应该把俸银分享给亲戚们，以体现你父亲的恩惠。只让自己的老婆孩子享有并过着富贵的生活，那怎么能行呢？况且，纺线与织布，本来就是女人该做的事情啊。上自皇后，下至大夫、士的妻子，每个人都有自己应该做的事情。人如果懒散的话，就会不遵守规矩并且自高自大看不起别人。我虽然不懂礼，但是也不能败坏自己的声誉啊。"

听了这番话，郑善果再次改正了自己错误的观点，戒骄戒躁，直到贞观三年，得以善终。

鲁季敬姜——通过织机阐述大道理

敬姜能够通过织布机这个平常易见的东西，阐述家国的大道理，是后世父母应该学习的。有些道理过于深奥，不妨通过具体的实例阐述给孩子。

敬姜是春秋时期鲁国大夫公父文伯的母亲，她博达知礼，文伯的父亲去世后，敬姜独自教育文伯。有一次，文伯外出学习，带了许多同学朋友回家，敬姜就在一旁观看。只见他走在朋友的前边，朋友们退堂时下台阶退步而走，端持剑而正步行。原来由于文伯家庭条件好，且地位尊贵，他的朋友便像对待父母兄长那样的礼节对待同龄的文伯。文伯也一副理所当然的样子，以为自己已经长大成人，可以接受大人的礼节。

敬姜等到文伯的朋友散去，叫来文伯说："当年周武王散朝时，发现自己系袜子的带子断了，但这时宫里的仆从都在忙着干活，为了不打断他们的活计，就自己弯下腰去将断袜带系好。齐桓公的至交有三人，向他提意见的臣子有五人，每天指出他过错的多达三十多人，他都能虚心接受，因此能够成就霸业。西周时期的周公，吃一顿饭，要停好几次去会见客人；洗一次头，也要停顿几次，抓住湿头发去会见来客。他常常带着礼物到穷乡僻壤，深宅小巷，寻访贤人多达七十多人，才保住周王室的繁荣昌盛。这两个圣人和一个贤才，都是成就帝王事业的君子，对待他人尚且如此。如今你只是一个地位低的少年，却将朋友当成奴仆一样看待，你能否获得朋友的帮助，从你待友的态度中就可以知道了。"

文伯听后，向母亲道歉，从此以后，他选择良师益友交往。有的已经头发花白，牙齿凋黄，文伯十分恭敬。这时敬姜才说："你终于成人了！"

在母亲的教导下，文伯成长很快，后来被任命为鲁国的国相。敬姜对他说："我跟你讲，你要听好了，治国的道理，就像这织布机一样。"文伯大为不解，敬姜解释说："这织布机上的'幅'，是用来测量、校正布的曲直，所以一定要做得方方正正，不可歪斜，因此只有公正的人才可以当大将。'画'，是用来将布分为几等份，并测量长短，一个人具有这种才能可以当官正。'物'，是用来标出布的幅广匹长，因此有辨人长短宽窄的才能可以充任都大夫。'梭'，是用于来回不断地引线，因此有与人交际才能的人可以做外交官。'综'，用于前后推拉，使经纬线交织得有条有理，这种人可做别人的老师。'均'，用于调节数量大小，有这种才能的人可以任内史。'轴'，坚固正直，任重而道远，有如此才能的人可以做宰相。'榍'，是用来卷起与舒张，有这样宽广胸怀的人才能位至三公。"文伯听后，深感母亲的伟大，于是再拜。

文伯退朝回到家中，见母亲在织布，文伯说："我现在负责养家，而您还在织布，传出去，别人就会说我不孝顺，没有本事啊！"敬姜听后，叹息着说："看来鲁国要灭亡了！他们让你做官，却并没有教给你做官的道理，还是让我告诉你吧！过去的君王都选择土地贫瘠的地方让人民生活，这样人民才会勤劳肯干，天下便能长治久安。勤劳的人民会动脑思考，善心也会产生，而过分舒适安逸的生活，往往令人忘记做善事，而走向做恶事的道路。在土地肥沃的地方生活的老百姓往往向往安逸生活，丧失斗志。在土地贫瘠地方生活的百姓往往淳朴勤劳。正因为这个道理，过去的帝王天天要隆重地迎接日出，和三公九卿一块学习，中午时则要考察百官的政事，傍晚时又和太史、司载一起考察天文历法以及刑法的执行情况。日落之后还要监视九嫔之官准备好祭祀天地的祭品，做完这些后才能安心休息。"

"诸侯们早晨反省自己执行帝王命令的态度，中午检查国政，傍晚检查刑法的执行，晚上还要教谕百工，做完后才能放心。卿大夫早晨反省自己是否忠于职守，白天考察民政，傍晚订出第二天的工作计划，夜里治理家政。士大夫早晨接受任务后，白天要完成，傍晚复习，晚上再检查有无过错。平民百姓，天亮起来干活，天黑躺下休息，天天勤劳工作。王后，公侯夫人，公卿的内子、命妇，士的妻子和村姑也勤谨劳作，各有各的任务。男人、女人各司其职，谁完不成就要受到责罚，这是自古以来的规矩。我是一个寡妇，而你地位又低，即便我们起早贪黑地干活，还怕对不住你已逝的父亲，哪还敢偷懒呢？希望你不要忘记你的先人。你要我不再纺线安享晚年，我却担心你会怀着贪图享受的心思做官，因为这样迟早会引来灾祸，家族恐要绝后了啊！"

文伯听后深受教育，从此严格要求自己做一个勤谨、正直的官员，再不敢对自己放松要求了。

　　你看，敬姜能够通过织布机这个平常易见的东西，阐述家国的大道理，是后世父母应该学习的。有些道理过于深奥，不妨通过具体的实例阐述给孩子。至于敬姜在文伯做大官后，还能深刻认识到自己的不足，教导孩子勤劳执政，就更值得现在的父母学习了。的确，现在很多人在事业稳定后贪图安逸，便不再积极进取了，而此时父母要是能够以身作则，教导孩子勤于学习和工作，这种父母是十分伟大的。后来汉朝文学家刘向评价敬姜说："文伯之母，号曰敬姜，通达知礼，德行光明，匡子过失，教以法理，仲尼贤焉，列为慈母。"

孟子休妻——孟母这样教子改错

孟子周游列国，推行仁义道德，后有文章传世，成就了一番事业。后人称颂孟母道："孟子之母，教化列分，子遂成德，为当世冠。"

孟子是继孔子之后儒家的代表人物，他一生追随孔子的脚步，主张恢复礼法，仁义治国。可有的时候，孟子也会不遵守礼仪，幸亏他有个好母亲，才避免一场误会，这就是《孟子既娶》的故事。

孟子娶了妻子后，一日回家，没有敲门，直接进入内室，看见妻子露着肚子，衣冠不整，很是生气。还没等妻子问话，孟子扭头走开了，没有给妻子好脸色，再也不见妻子面了。妻子苦苦等待孟子，孟子都不见妻子。这时，妻子便向孟母请求离婚，说："我听说夫妇之道，在内室是可以随意一点的。现在我在内室稍稍没有遵守礼法，丈夫看到了，勃然不悦，是把我都当成了客人。在外做客的妇人怎能留宿外边呢？因此，我请求回娘家。"

孟母弄明白事情之后，便让儿媳稍候，自己叫来孟子，对他说："你知道礼是什么吗？礼，就是入门之前问里面有什么人，表示敬意；礼，就是走到大堂上，大声说话，告诉周围人自己来了；礼，就是眼睛往下看，这样才不会见到别人的过错。现在你没有明白礼，却怪别人没有礼，不是差得很远吗？"

　　经过母亲的一番教诲，孟子终于认识到自己的错误，谢过母亲，向妻子道歉，夫妻又和好如初了。所以历代君子都称颂孟母知道礼节，也懂得做母亲的道理。

　　孟子在齐国时，愁容满面，孟母问其缘由，孟子说没什么。过了几日，孟子扶着柱子感叹，孟母说："之前见你面带忧色，你说没有，现在又扶着柱子叹息，又是为什么呢？"孟子说："我听说君子要根据自身选择合理的位置，不因为没有功劳而受赏，不贪图荣华富贵。诸侯不听建议，就不能侍奉君主。听建议却不实行，就不能很快地实现价值。现在我的主张在齐国不受重用，想辞别母亲出外游历，所以忧愁啊！"

　　听儿子这么一说，孟母就明白了，原来儿子想外出闯荡，但又担心自己，于是说："妇人的礼数，就是备好饭菜、酒浆，赡养舅姑，缝补衣裳。现在你长大成人了，我却老了。你去行你的大义，我受我的礼数罢了。你放心去吧，不必担心我呀！"于是，孟子开始周游列国，推行仁义道德，后有文章传世，成就了一番事业。后人称颂孟母道："孟子之母，教化列分，子遂成德，为当世冠。"

刘玄佐母——将心比心的母亲

后世父母在教育孩子时，不妨学习刘母的做法。当孩子行为有不妥之处时，可以讲一讲自己的亲身经历，并让孩子将心比心，改正自己的错误。

刘玄佐是唐朝中期将领，怀德郡王，他轻财重义，严而有谋，且忠于朝廷。刘玄佐少年富有才干，曾做捕快，追捕匪盗。后来投军，屡立军功，德宗朝升任汴宋节度使，拜检校司徒。刘玄佐虽贵为将相，但其母仍每月织绢一匹，送给刘玄佐，示其不忘本。

刘母常见到刘玄佐属下官员十分畏惧刘玄佐，在陈述政务时，总是战战兢兢。事后，她告诫儿子道："我看你作为长官，下属对你十分恐惧，你也十分威严，我感到很恐惧惊悚。你父亲做小官吏时，就常常害怕到出汗。现在你做了大官，高高在上，想想你父亲的样子，怎能如此心安理得呢？"

刘玄佐听从母亲的教训，此后对下属礼敬有加，并且时常关心下属生活，下属们内心与刘玄佐亲近，表面上却不失体统。刘玄佐的官越做越大，许多亲戚旧吏都前来投靠，刘玄佐就给他们安排官职，以至于行政队伍十分庞大。这时刘母便写了一副对联，讽刺这件事："覆盆子落地，变赤烘烘；羊羔儿作声，尽没益益。"意思是，官袍的颜色就像覆盆子落满地上，赤红一片；小羊羔没事就叫，尽是些没益的事。

　　看到母亲的对联之后，刘玄佐明白了自己的错误，改变了做法，亲戚中有贤才的才会任用，没贤能的拒绝任用。后来，刘母临死前，嘱咐刘玄佐说："朝廷待你恩情不薄，寄以重任，你务须为国捐躯。"刘玄佐牢记母亲大人的叮嘱，在任期间，始终不失臣节。

　　通过这个故事，我们可以大致领略刘母的教子之道。她想到自己夫君敬畏长官的情形，于是推己及人，教育儿子礼贤下士，对下属不可过于威严，刘玄佐因此得以改正缺点。后来刘母又通过对联的方式，用诙谐的语言指正刘玄佐的错误，足见其智慧。《新唐书》因此称刘母为"贤妇人也"。

每个伟大人物
背后都有一个好妈妈

第六章 立业篇

徐霞客母——放手，让孩子去翱翔

我身体健康，胃口也很好，没什么事。男子生来就志在四方，远游可以获得奇异的书，看见奇特的人，总是没什么坏处的。你放心上路吧，不要担心我。

徐霞客，名弘祖，字振之，号霞客，南直隶江阴（今江苏江阴市）人。明代地理学家、旅行家和文学家，他因经 30 年考察撰成的 60 万字地理名著《徐霞客游记》，被称为"千古奇人"，他的所作所为被誉为"达人所之未达，探人所之未知"。《徐霞客游记》开篇之日（5 月 19 日）被定为中国旅游日。如果我们深入研究的话，就会发现，徐霞客的成就，离不开母亲的支持。

徐霞客出生在一个富庶之家，祖上都是读书人。父亲是徐有勉，甚爱读书，但一生不愿为官，也不愿同权势交往，喜欢到处游览欣赏山水景观。受父亲的影响，徐霞客幼年好学，爱好读书，有时候看到一本好书，即使身上没有钱，宁可用衣服去换。徐霞客聪明睿智，只要他读过的内容，别人问起都能记得。在这些书籍中，徐霞客尤其钟情于地经图志，少年即立下"大丈夫当朝碧海而暮苍梧"的旅行大志。意思是，作为男子汉大丈夫，应该过这样的生活——早上还在碧海游玩，晚上就到了苍梧山下住宿。徐霞客梦想四处游历，增广见闻，而不是徘徊于家乡尺寸之地，就那样碌碌无为地老死在老家的窗下。

　　十九岁时，徐霞客的父亲就去世了。他很想离开家乡，外出寻访名山大川，游历四方，但因有老母在堂，不能远游，所以一直没有做出行的准备。在中国古代，父母的话就是"天条"，凡有孝心的孩子在做事之时，无不听取父母的意见。徐霞客同样如此。徐霞客的母亲是个明白事理的女人，得知儿子的心思，便鼓励说："志在四方，男子事也。即《语》称'游必有方'，不过稽远近，计岁月，往返如期，岂令儿以藩中雉、辕下驹坐困为？"意思是，身为男子汉大丈夫，应当志在四方，于天地间去舒展胸怀，广增见识。《论语》中说"外出要告知父母"，不管多远多长时间，只要按期返回就行，怎么能因为我在，就如同篱笆里的小鸡、拉车的小马，有所束缚呢？徐霞客听了这番话，备受鼓舞，终于下定决心远游四方，追寻自己的梦想。

　　徐霞客母亲为了鼓励他出游，特意为他做了一顶"远游冠"。徐霞客临行前，带着母亲亲手缝制的帽子，心中充满无限的眷恋。母亲用言语宽慰孩子，说："第游名胜，归袖图一一示我。"意思是，游览名胜古迹时，别忘了画一幅画，藏在袖中，归来时，一一向我展示，讲述你路上的见闻。

　　徐霞客十分感动，为了不让母亲挂念，与母亲约定：在春草初萌时出游，在秋叶染霜时归来。20 年间，如期而返，从未改约。

由于徐霞客常年出门在外，母亲孤独自不必说。徐母为打发时间，亲自在徐霞客出游那天种下篱豆，篱豆长高后，徐母就在绿荫下教孙子、孙女读书识字。待秋天收获，儿子归来时，按照当地风俗，用晒干的藤蔓作为木柴，烧火造饭，煮一碗"豆羹"给儿子服下。豆藤燃烧后，产生的炊烟，徐母称为"长命缕"。

徐霞客每次归来，都带回琪花、瑶草、碧藕、雪桃等送与母亲，并与母亲谈天说地，讲述自己的见闻，如山川之险恶，江河之湍急，风俗之奇异等，听众们听后无不惊讶，甚至有时认为徐霞客在胡言乱语，是个疯子。只有母亲十分高兴，始终相信儿子。她听完儿子的故事之后，开玩笑说："子汗漫九州良苦，吾故日居此碧云庵中，看长命缕垂垂而下，知望白云返而。乃又得所未闻若此，其可无憾而须眉矣。"意思是，儿子辛苦游览四方，很是辛劳，我也每天孤寂，但每当看到碧云庵中的长命缕垂垂而下，就知道孩子要回家了。现在又听到了如此见闻，可以不负此生了。

尽管母亲如此支持徐霞客，但徐霞客仍然不忍抛下母亲，这时母亲就宽慰他，说："吾幸健，善饭，足恃耳。男子生而射四方，远游得异书，见异人，正复不恶。无以我为念。"意思是，我身体健康，胃口也很好，没什么事。男子生来就志在四方，远游可以获得奇异的书，看见奇特的人，总是没什么坏处的。你放心上路吧，不要担心我。

在母亲八十岁时，徐霞客一度想停止出游，奉养母亲。母亲就说："向固与若言，吾尚善饭。今以身先之。"意思是，就像我平日对你说的那样，我身体健康，今天就让你看看。随后，徐母身先士卒，一路走在儿子前边。其实，儿子罢游是怕伤母亲的心，母亲偕游是怕伤儿子的心。后来，在母亲的再次鼓励下，徐霞客又踏上了出游的征途。

一日，徐霞客再次登上高山，忽然想到母亲，感慨道："孝子不登高，不临深。聂政云：老母在，政身未敢许人也。而我许身于穿崖断壑之间，何益？"意思是，孝子是不登高山、不临深渊的。聂政也说过，老母在，不能随意追随主公。而我却不断地在穿崖断壑间玩耍，有什么用啊？于是，徐霞客匆匆结束游览，急忙回家，发现老母已经病重。徐霞客伤心不已，追悔莫及，而此时的母亲却说："儿无恙，吾织布以易糈，摘豆以佐酒，卯孙从旁覆诵句读以挑汝欢，吾母子尚复何求哉？"意思是，孩儿健健康康，我平时织布换来精米，采摘豆类下酒，还有孙子在一旁读书，来给我解闷打趣，还有什么不满足的呢？

是啊，孔子在《论语·里仁》中说："父母在，不远游，游必有方。"可见在孔子看来，在家尽孝很重要，但出外做事同样重要。如果子女出远门时，没有告诉父母，父母的牵挂之情势必更甚，所以孔子特别强调"游必有方"，这在任何时代，无论对于游子，还是对于父母都十分重要。

对于孩子来讲，身为人子，不能不顾及父母的想法。对于父母来说，也应该正确理解和支持孩子闯荡一番的梦想。

正因有了如此通情达理的母亲，徐霞客才能如此安心地拼搏，放心大胆地追求自己的梦想和志趣，最终青史留名，没有像大多数"俗人"一样埋没于历史的烟尘之中。

寇母遗诗——秤砣砸出来的名臣

你看，寇母暴怒之下，砸伤了寇准，却促进了寇准学习，可见对于太贪玩的孩子，父母的严厉确实很有用处。

寇准，北宋著名宰相，因促成澶渊之盟（北宋和辽国经过二十五年战争后缔结的盟约），保卫了北宋王朝，功垂青史。寇准出身名门望族，其父屡建功勋，被封为国公，因此寇准是个官二代。

身为官二代的寇准，年少时飞鹰走狗，不学文章。有一次，寇准外出玩耍归来，寇母见自己孩子不学习，恐辱祖先，愤怒之下，随手抄起了秤砣，向寇准砸去。还好没有砸中寇准的脑袋，但寇准的脚伤得厉害。于是寇准只好在家养伤，寇母便趁着这个机会，与寇准一起读书，培养寇准的读书意识。从此以后，寇准便对学习逐渐有了兴趣，改掉了贪玩的习惯，刻苦读书，在十九岁时便中了进士。

寇准后来为官，远离家乡，此时寇母已经快到了生命的尽头。但料到寇准尚且年轻，禁不住诱惑，难免会犯错误，便在去世的几天前，用尽心力画了一幅《寒窗课子图》，交与自己的贴身丫鬟刘母。

后来的事情果真如寇母所料，寇准初做宰相时，为了庆贺生日，请来了两台戏班，宴请同僚。刘母认为时机已到，便拿出藏了多年的《寒窗课子图》，趁着正热闹时，挂在了大堂上。画上有诗一首，是寇母亲书，诗曰：

孤灯课读苦含辛，望尔修身为万民。

勤俭家风慈母训，他年富贵莫忘贫。

寇准和众人看后，无不敬佩寇母的贤良。这时寇准又想起自己脚上的伤痛，觉得愧对母亲，生日宴也草草收场。寇准做宰相期间刚直不阿，对君王和国家忠心耿耿，而且出谋划策，决策智慧超群。宋太宗说："朕得寇准，犹文皇之得魏徵也！"意思是，寇准在我身边，就像唐太宗得到魏徵一样。

寇准不喜欢阿谀奉承别人，也不喜欢别人刻意奉迎自己。有一次，寇准与刚升参知政事（副宰相）的丁谓一起用餐，寇准吃饭时，不小心将汤汁溅到了胡须上。丁谓觉得这是一个讨好寇准的好机会，马上起身，拿起手帕，替寇准轻轻擦去。寇准当即对丁谓说："参知政事是朝廷大臣，难道是替上司溜须的吗？"丁谓顿时感到无地自容。这个故事正是"溜须拍马"中"溜须"的来源。

寇准俸禄虽多，却不肯建造宅第。隐士魏野为此特意赠送给他两首诗，其中有句道："有官居鼎鼐，无地起楼台。"就是称赞寇准虽位居显要，却不肯建造高楼宅第。不久连北方的少数民族，也知道了此事。有一次，一位少数民族部落的使者前来拜见皇帝，当介绍到寇准时，使者说道："这就是'无地起楼台'的宰相吗？"后来寇准病故，家中竟然拿不出安葬的钱财。

憨山之母——如何对待恋家的孩子

对于恋家的孩子来说，过于表现父母的爱意，恐怕会毁了孩子。因此，父母在一定意义上的绝情是很有必要的。

憨山大师又叫憨山德清，是明末四大高僧之一。憨山大师出身农民家庭，母亲洪氏是虔诚的佛教徒。等到憨山大师七岁时，母亲就送他到书院读书，但憨山年幼，十分恋家，常常上到一半课程就跑回家玩耍。为此，母亲十分生气，心一狠，便将他送到了更远的书院读书。由于道路较远，憨山只能住在亲戚家中，一月回家一次。

一次，憨山回家探亲，因特别眷恋母亲，竟不肯离家去读书，母亲百劝不听。望子成龙心切的母亲，便连拉带拽外加棒子，就这样把憨山赶到了河边，让他赶快登船，但憨山到了河边死活也不动了。出于无奈，母亲心想如果此时不纠正孩子的错误，以后就没办法让他远离家庭了，就在河边一棒子将憨山打落河中，头也不回地跑回家中。

这时，憨山拼命在河中挣扎，船夫将他救起，结果憨山又跑回家中。他的母亲见憨山如此模样，虽然很是心疼，但为了孩子的前程，恨恨地骂道："此不才儿，不淹杀留之何为？"意思是，如此不争气的小子，没有淹死，留着何用？于是，又拿起棍棒，将憨山赶出家门，关紧家门。憨山见母亲如此，连身干净衣服都没换，只好一心读书了。

母亲赶走儿子后，却思念儿子，常常在河边张望，这时憨山的祖母问道："你这是何苦啊？"憨山的母亲说："固当绝其爱，乃能读书耳。"意思是，只有断绝了他归家的念头，才能好好读书啊！

憨山成名后，由于当时太后信奉佛教，耗资巨大，引起了皇帝的不满，便迁怒于佛教徒。后来，又将许多佛教大师流放，其中就有憨山大师。憨山大师临行前，见了母亲最后一面，在长江边与母亲诀别。母亲与他交谈，心中一点伤感都没有。大师很奇怪，问母亲："闻儿死生之际，岂不忧乎？"意思是，您听到孩子现在正处于生死的关头，为什么不忧虑呢？

大师的母亲说："死生分定耳，我尚不忧，何忧于汝？但人言参差，于事无决定见，为疑念耳。"意思是，生死本是定数，我自己都不担心自己的寿命，怎么会担忧你的呢？但是，人的建议、言论有好有坏，对于事情来讲，没有什么最终的解决办法，这才是我的疑虑！

说着说着，大师越来越舍不得母亲，母亲也知道孩子远去，恐怕再难相见，就与大师坐在江边。母子二人一直坐到天明，大师这才出发。这时母亲嘱咐说："汝善以道自爱，无为我忧，今亦与汝长别矣！"意思是，你放心去追求自己爱着的大道吧，不需要为我担心，今天与你就算是长久的分别了。

母亲离开，头也不回。大师回忆说："欣然就道，了不相顾。"随后，憨山大师又感慨道："天下之为母有如此者，岂不顿尽死生之情乎？"意思是，天下有这样的母亲，不顾及生死之情啊！后写下一首《母子铭》，以表达对母亲的敬佩，诗曰：

> 母子之情，磁石引针。天然妙性，本自圆成。
> 我见我母，如木出火。木已被焚，火原无我。
> 生而不恋，死若不知。始见我身，是石女儿。

海瑞之母——来自明朝的"虎妈教育"

对于孩子来说，人生就像一张白纸，他们对未来没有计划，不知道善恶是非，因此更需要父母强势的正确教育和引导，让孩子做一个对社会有益的人才。

海瑞是中国历史上难得的清官，与包拯齐名。海瑞出生于海南，明朝官员，号称刚峰。他打击豪强，疏浚河道，力主严惩贪官污吏，禁止徇私受贿，强令贪官污吏退田还民，遂有"海青天"之誉。

那么，如此深受人民爱戴的海瑞，又有怎样的母亲呢？

海瑞出身官宦世家，祖辈都是做官的，只有海瑞父亲没有考上功名，靠国家的救济和几亩薄田过日子。海瑞的母亲是谢氏，海瑞四岁时，父亲就去世了，当时海母仅二十八岁，便独自抚养海瑞。孤儿寡母相依为命，靠着祖田过日子。自此，海母便把全部精力都倾注到勤俭持家和培养海瑞上来。

由于海瑞自幼丧父，海母既做父亲，又做母亲。海母平时一边做女红补贴家用，一边教授海瑞读书识字，督促他考取功名。后来，在为海瑞挑选老师的过程中，海母深思熟虑，反复比较，不敢有半点松懈。

海母教育海瑞十分严厉，因此在海瑞小的时候，几乎没有时间玩耍。正是在海母"虎妈"式的教育下，海瑞学业精进，终于考上了举人。海母悉心培养儿子的故事，在当地也传为佳话。

后来，海瑞任浙江淳安县县令，海母也随同前往。淳安地处富庶的江南鱼米之乡，当地百姓却备受贪官压榨，尤其是当时有一些朝廷大员，借着到淳安查访的由头，趁机勒索当地官员，鱼肉百姓。

当时海瑞的上司是胡宗宪，他的儿子有一次来到淳安，趁机勒索海瑞。海瑞不想贿赂上级，但总得在表面上做得滴水不漏才行。怎么办呢？这时，海母想了一个主意，吩咐海瑞如此去做。

海瑞见到了胡宗宪的儿子，就说："你说你是胡长官的儿子，你有什么证据吗？况且胡长官为官清廉，教子有方，怎么会让自己的孩子勒索下属呢？你一定是假冒胡家公子的。"于是，海瑞便以此为名治了胡宗宪儿子的罪，打了他十几大板，又交给胡宗宪处置。遇到这样的事情，胡宗宪真是有苦说不出，以后再也不敢到淳安县勒索了，淳安百姓因此少了一大笔开支。

由于海瑞杜绝贪腐，切断了手下办事人员的"来钱道"，手下官员采取了集体罢工的方式来抗议。海瑞一筹莫展，这时母亲率领海瑞的家眷一起帮助海瑞办公，不分昼夜，公务虽然进度缓慢，但也没有耽搁。时间一长，海瑞手下官员害怕丢失工作，便都回来工作了。

海瑞为官勤俭，政绩卓著，即使上级想找海瑞的麻烦也找不到，这就叫身正不怕影子斜。一次，海母过生日，有消息传出，海瑞要大摆筵席，上级不但不来祝贺，反倒派官员来搜集海瑞趁请客收受贿赂的事情。结果，通过深入细致的调查，官员得知海瑞确因母亲寿辰而办了酒宴，但肉仅买了两斤，其他菜蔬都是海母闲暇时自己种植的。前来调查的官员不禁为海瑞的清廉所感动，上书总督，请求嘉奖海母。万历初年，海母去世，被嘉奖为四品夫人，享年七十二岁。

　　1587 年，海瑞于南京任上去世，享年七十三岁。海瑞去世时，南京百姓罢市三天，以表纪念。

　　从这些实例中可以看出，在海瑞小的时候，海母是海瑞人生的引路人，在他内心中灌输了正气和正能量，在海瑞当官以后，海母又是海瑞清正廉洁的支持者。当时社会极其腐败，海瑞堪称一股清流，而且终身恪守自己的操守。可见，母亲从小的正能量教育深深印在了海瑞的心中，刻在了海瑞的骨头上，是难以磨灭的。

范仲淹母——苦难是上天的礼物

俗话说："闾阎乃圣贤所出之地，母教为天下太平之源。"范母遇到如此困境，尚能迎难而上，足见母性光辉，母亲伟大。

北宋名儒范仲淹的"先天下之忧而忧，后天下之乐而乐"的思想对后世影响深远，成为历代读书人效法的楷模。而范仲淹这种胸怀天下的志向，与母亲的家庭教育是分不开的。

范仲淹，字希文，宋代历史上著名的政治家、军事家和文学家，是北宋中期一位颇具影响力的历史人物。《宋史》中记载，范仲淹的父亲曾任县令，但不幸英年早逝，留下了两岁的范仲淹。这一突发的重大变故，险些打垮了范仲淹的母亲，作为普通家庭主妇的范母，根本没有能力独自抚养年仅两岁的幼子。于是范母向范氏宗族求助，怎奈范氏亲戚都各扫门前雪。范母迫于生计，只好改嫁山东人朱某。范仲淹也因此改名为朱说，就这样范仲淹在朱家生活到了十五岁。

十五岁时，范仲淹本应接受正式的教育，但由于他是继子，继父不愿栽培。范母劝说后无效，只能将范仲淹的身世和盘托出，并教育范仲淹说："你们范家以前是大家族，有个先祖叫范履冰，在唐朝武则天时期担任过宰相。因此你作为范氏后人，也应该以此为榜样，努力读书学习。我已经改嫁他处，你就自己回到范家，范氏宗族会接纳你读书的。"

范仲淹听完母亲的话后，不禁泪流满面，不久便含泪告别母亲，由山东来到南京，借住在生父亲戚家中，同范氏子弟一起学习。《宋史》是这样记载的："昼夜不息，冬月惫甚，以水沃面；食不给，至以糜粥继之，人不能堪，仲淹不苦也。"

意思是，范仲淹读书刻苦，昼夜不息，冬天疲惫困倦，就用冷水洗脸，继续读书。由于孤身在外，粮食供给不够，每天早上就熬一锅粥，分成四份，撒上韭菜和姜，早晚各两份。常人都不能忍受，但范仲淹并不认为这是苦难。

后来，范仲淹终于学有所成，考中进士，由"寒儒"成为名士，被任命为广德军司理参军后，将老母从朱家接出，亲自赡养。母亲再次见到他时才把他原来的姓名告知他，范仲淹便向皇帝请求改回原来的名字，延续祖辈们的血脉，于是这才有了名垂青史的范仲淹。

范仲淹一生为官，恪尽职守，忠贞直谏，主张庆历新政，历陈旧制腐朽，后因触犯贵族利益，多次被贬。公元 1052 年，已经六十四岁的范仲淹再次被贬颍州，而此时的范仲淹病情严重，十分危急，死于路上。范仲淹开始生病时，宋仁宗经常派人送药、慰问，去世后，仁宗皇帝长吁短叹很长时间，并赠他为兵部尚书，谥号"文正"。范仲淹安葬后，仁宗皇帝亲自题写了墓碑，称为"褒贤之碑"，以褒奖范仲淹的贤士风度。

《宋史》中这样评价范仲淹："仲淹内刚外和，性至孝，以母在时方贫，其后虽贵，非宾客不重肉。妻子衣食，仅能自充。
而好施予，置义庄里中，以赡族人。泛爱乐善，士多出其门下，
虽里巷之人，皆能道其名字。死之日，四方闻者，皆为叹息。"
意思是，范仲淹性情刚烈，外表温和，十分孝顺。开始母亲
在世时，家境贫寒，后来虽然显贵，但没有客人来访时不吃肉。
妻子和孩子的衣服和饭食也仅能自给自足。范仲淹乐善好施，
在乡族中设置义庄，用以赡养族人。他仁爱待人，很多读书
人都出于他的门下，即使街头巷尾的人，他也能叫出名字。
范仲淹死的那天，四面八方凡是听到这一消息的，都替他叹惜。

第七章 规矩篇

妈妈立规矩
让自律的孩子
人生更美好

陆绩良母——一块留传后世的石头

陆母说："这块石头可以作为纪念，就不要丢掉了。"于是，这块石头就被称为"廉石"。

陆绩，苏州人，三国时期名士，与大将陆逊是同族。陆绩的父亲是陆康，曾任庐江太守，因此陆绩也算是名门出身。陆绩学问很大，史书上说他集孝子、廉吏、科学家于一身。陆绩小的时候随着父亲拜谒袁术，袁术拿出橘子来款待陆家父子。陆家父子临行前，陆绩却在怀中藏了几只橘子，弯腰拜别袁术时，不慎从怀中脱落。袁术问道："陆郎作为宾客，却私下藏起橘子吗？"陆绩坦然答道："我的母亲十分喜爱橘子，我想带回家给母亲吃。"

袁术听罢，惊奇不已。从此以后，"陆绩怀橘"便传为佳话。这就是《二十四孝》中"怀橘遗亲"的典故。宋人林同，在一首诗中，写了这件事：

> 陆郎作宾客，怀橘欲何为？
> 遗母当然事，袁公乃尔奇。

通过这个故事，我们可以看出陆绩十分孝顺母亲，因此陆绩十分听从母亲的教导。一次，陆绩外出为官，母亲叮嘱他要清正廉洁，不要压榨百姓，如果在外贪污腐败，积攒了很多钱财，就不要回来见我。于是，陆绩时刻牢记母亲的教诲，为官清廉，不义之财一毫不取，素有名望。他还经常用自己的薪水，接济孤寡。陆绩任期满后，孙权允许他回家探望母亲。

陆绩启程时，雇了一艘官船。由于陆绩没有多少家当，即使全部装到船上，也无法抵挡风浪。这时陆绩心生一计，就从岸上搬来一块大石头，用来压船。不料石头很重，船吃水很深，沿岸的行人和河中的客商都认为这肯定是个贪官。

一天晚上，陆绩正在休息，忽然遇到河盗来抢劫。河盗仔细搜查后，发现什么也都没有，只有一块大石头，大失所望，就准备杀了陆绩和船夫泄恨。这时船夫说："这是陆绩陆太守。"河盗听后，马上道歉下船，迅速离开了。原来陆绩的好名声早已名扬千里，就连河盗都十分敬佩。

陆绩一路走来，官船仍然吃水很深，乡亲们也都认为他在任上捞了不少好处。船到了家，陆母却不相信陆绩有违誓言，但三人成虎，架不住众人谣言，陆母稍有疑虑，就对陆绩说："你如果装来一船金银财宝，就趁早回去吧！"陆绩这才将所有行李搬下来，又解释了官船吃水深的缘故。乡亲们听后，无不赞叹陆绩的清廉与智慧。这时陆母说："这块石头可以作为纪念，就不要丢掉了。"于是，这块石头就被称为"廉石"。后人为此写诗，称赞道：

郁林太守史称贤，金珠不载载石还。
航海归吴恐颠覆，载得巨石知其廉。

廉石昭示出了一位太守廉洁的精神，也蕴含着一位贤母的精神风范。这种精神风范，影响着一代代中国人。如今，这块巨大的廉石仍安放在苏州文庙的庭院中供人敬仰。

李氏三才——家行修治，闺门唯谨

俗话说："不打不成材。"这句话虽然有些过激，不适用于现代孩子的教育，却道出了一个非常深刻的道理，那就是孩子一方面需要爱，另一方面需要管教，需要用比较严厉的方式让他们懂规矩。

李景让，唐朝中期名臣，书法家。李景让父亲是官府中的一个小吏，且英年早逝，留下李景让、李景庄、李景温三个兄弟，在他母亲郑氏的拉扯下，艰难长大，虽家中十分贫困，李母却让他们三人皆成栋梁。李景让官至右拾遗、御史大夫、西川节度使、太子少保等；李景温，官至谏议大夫、福建观察使、华州刺史、尚书右丞等；李景庄也考中进士，官至尚书右丞、刑部侍郎等。

其实，如果没有母亲郑氏的悉心抚养教育，李景让兄弟三人别说读书识字，就是能否存活都是问题。况且李氏兄弟正直廉洁，政绩斐然，"家行修治，闺门唯谨"，郑氏的母教至关重要。

虽然李家贫穷，但李母为人正直，不贪不义之财，"训励诸子，言动以礼"。一次，因长期下雨，家中的后墙坍塌了。李景让三兄弟急忙去看，发现地基中有一个很大的洞，洞中满满的全是钱。此时李家贫穷，遇到如此好事，简直是上天的眷顾。李氏却说："士不勤而禄，犹殃其身，我何取？"意思是，人不劳而获，就会荒废身体，我为什么要获取呢？于是，李家一文不取，仍用土封于地下。

由于郑氏的精心养育，三个儿子都有出息，三人都考中进士，成了朝廷命官。尽管如此，郑氏对他们的教育却一点也没有松懈，只要犯了过失，依旧责打他们，而李景让三兄弟，虽已成朝廷命官，也心甘情愿，毫无怨色。

有一次，李景让要去浙西赴任，郑氏问儿子出发的时间。李景让说："就这几天吧！"李母一听，很不高兴，责骂儿子道："你对工作不抓紧，对任命不立即执行。再拖延不定，不是耽误行程了吗？为什么不立刻赴任呢？"随即叫用人剥去李景让的衣服，在大堂上用竹杖责打。李景让战战兢兢，接受母亲的责罚。

李景让执政浙西时，有一个小官吏犯错，李景让加以杖责，不想竟将他打死。这时李景让的手下多有怨气，准备谋反。李母就想了一个办法，平息众怒。只见李母立即让李景让升堂，召集了官吏。李母坐在堂上，李景让跪在厅堂之下，李母历声责骂道："你接受朝廷的重任却私自用刑，搞得鸡犬不宁，不仅有负天子，也使我没有脸面见地下的先人！"随后，令人杖打李景让脊背。军中将士见郑氏亲自杖责儿子，如此严厉，深受感动，纷纷含泪，劝她息怒，众人求情许久，李母才饶恕了儿子，诸将的怨气因此消除。

在李母的严格教育下，李景让为人刚直，不畏权贵。在朝中做官，正色立朝，言无避忌。唐宣宗的舅舅死后，下令罢朝三日，为舅舅举哀。此时任御史大夫的李景让，力谏不可如此违法，直到宣宗下令改变做法才肯罢休。

不仅如此，李景让又秉承了母亲郑氏的品性，刚正不阿，不肯徇私。李景让入朝为官后，他的弟弟李景庄多次应试，都没有考中进士，而等待李景庄的则是李母的责打。李景让的一些同事都看不过去了，纷纷求情，都让李景让帮弟弟打通关节，为弟弟考试开个绿灯。李景让始终没有去做。后来，弟弟又挨了几次打。随着刻苦努力，几年后，李景庄也考中了进士。

齐田稷母——教孩子拒绝不义之财

无功尚且不受禄，更别提收受贿赂，收取不义之财了。因此，贤良的母亲要匡正她们的丈夫和子女，才能让家门不被贪腐污染。

春秋时期是我国政治混乱时期，当时诸侯国之间相互攻伐，孟子对春秋的评价是："春秋无义战。"可就在没有规则、相互出卖的春秋时期，却有一位母亲传授孩子讲仁义、懂规矩。

田稷子是春秋时期齐国的丞相，在任期间，收了属下官吏黄金百镒，交与母亲。田母说："你做丞相三年了，俸禄没有这么多吧，难道这是收取了士大夫的钱财？你是怎么得到这些钱的？"

田稷子说："诚受之于下。"意思是，是收受了下面人的钱财。听到这样的回答，田母说："我听说士大夫应当修身洁行，不苟且贪利。竭尽一切做到踏实本分，不做狡诈虚伪的事。不在心中谋划不道义的事，不把不合理的利益带回家。要言行一致，表里如一。现在君主让你担任官职，给你丰厚的俸禄，你就应当用自己的言行去报答君主。作为臣子侍奉君主，就好像儿女侍奉父亲一样，应当尽力竭能，忠诚守信不欺诈，务必要效忠，抱着必死的决心去奉行命令，还要廉洁公正，这样才能避开祸患。现在你却反其道而行，远离忠诚！你作为臣子不忠诚，就好像作为儿子不孝顺一样。不义之财，不是我应该有的。不孝之子，也不是我的儿子。你走吧！"

听完母亲的一番话，田稷子内心惭愧不已，不仅退还了百镒黄金，还主动向齐宣王请罪，请求诛杀自己。宣王听说后，称赞了田母的大义，赦免了田稷子的罪责，不仅恢复了他的相位，还赏赐了田母。正因这件事，后世君子纷纷称赞田母"廉而有化"。

太后爱子——真正的爱是什么

任何老师都比不上生活挫折的磨砺。父母若是真的为了孩子的未来长远打算，就应该鼓励孩子走出象牙塔，拜生活为师。

赵太后是战国时期赵国赵惠文王的王后，赵孝成王的母亲。赵孝成王幼年即位，赵国由赵太后掌权。赵太后刚刚执政，秦国趁赵国政局不稳，就加紧进攻赵国，夺去了赵国三座城池。赵太后只好向齐国求救，齐国的条件是——要赵太后把最疼爱的小儿子长安君送到齐国做人质。赵太后心疼年幼的小儿子，没有答应。赵国大臣们极力劝谏，太后怒道："有复言令长安君为质者，老妇必唾其面。"意思是，有再说让长安君去做人质的，我一定朝他脸上吐唾沫！足见其愤怒程度。

这个时候，触龙见赵国形势危急，身为老臣不能不管不问，于是他在赵太后盛怒之下，求见太后。到达宫室后，小步急跑，说："我腿脚不利索了，因此很久没来看望您，您身体没什么不舒服吧？"赵太后说："我全靠坐车走动。"触龙问："您每天的饮食该不会减少吧？"太后说："吃点稀粥罢了。"触龙说："我现在特别不想吃东西，自己却勉强走走，每天走上三四里，稍微增加点食欲，身上也比较舒适了。"太后说：
"我做不到。"太后的怒色稍微缓解了些。

　　触龙说："我的儿子舒祺，年龄最小，不成才；而我又老了，
私下疼爱他，希望能让他替补上黑衣卫士的空额，来保卫王宫。
我冒着死罪禀告太后。"太后说："可以，不知年龄多大？"
触龙说："十五岁了。虽然还小，希望趁我还没入土就托付
给您。"太后说："你们男人也疼爱小儿子吗？"触龙说："比
妇女还厉害呢！"

　　太后说："真的是这样吗？"

　　触龙说："我认为您更疼爱您的女儿，超过了小儿子长
安君。"

　　太后说："您错了，我更疼爱小儿子。"

　　触龙说："父母疼爱子女，就得为他们考虑长远些。您
送小女儿到燕国做皇后的时候，拉着她的脚后跟为她哭泣，
这是惦念并伤心她嫁到远方，多么令人怜惜啊。她出嫁以后，
您也并不是不想念她，可您祭祀时，一定为她祝告说：'千万
不要被赶回来啊。'难道这不是为她做长远打算，希望她生
育子孙，一代一代地做国君吗？"

　　太后说："是这样的！"

　　触龙说："太后，不妨往前看，在赵国的历史上，有君
主的儿子被封候，且世代沿袭的吗？"

　　太后说："没有。"

　　触龙说："其实不光是赵国啊！其他国家君王子孙被封
候者，还有子孙接替候爵吗？"

　　太后说："没有！"

　　触龙说："祸患来得早的就会降临到自己头上，祸患来

得晚的就降临到子孙头上。难道国君的子孙就一定不好吗？他们地位高而没有功勋，俸禄丰厚而没有劳绩，占有的珍宝太多了啊！现在您把长安君的地位提得很高，又封给他肥沃的土地，给他很多珍宝，而不趁现在这个时机让他为国立功，一旦您百年之后，长安君凭什么在赵国站住脚呢？我觉得您为长安君打算得太短了，因此我认为您疼爱他比不上疼爱燕后。"

太后听到此处，觉得触龙说得很有道理，便同意了长安君到齐国做人质。齐国于是出兵帮助赵国，击退了秦兵。

后来，有人评价道："就算国君的亲骨肉，尚且不能长久地拥有没有功勋的高位、没有劳绩的俸禄，不付出辛劳，如何能守住金玉这样的重器，何况做臣子的呢！"

是啊，做国君的儿子尚且需要付出代价，才能守住财富，更何况普通人家的孩子呢？现在的父母有很多就像故事中的赵太后一样，过于偏爱孩子，殊不知如此偏爱反倒会害了孩子。孩子没有独立的意识，学不会生活的本领，即使一天天长大，个子一天天长高，可还免不了沦为精神上的"巨型婴儿"。幸运的是，太后在触龙的一番话后，明白了其中的道理，及时做出了纠正。

人们都说父母是孩子的第一任老师，可任何老师都比不上生活挫折的磨砺。因此父母在孩子成长过程中，确实要呵护好孩子，可也不能溺爱孩子。父母若是真的为了孩子的未来长远打算，就应该鼓励孩子走出象牙塔，拜生活为师。父母千万不要封闭孩子，让自己成为孩子仰望星空的屏障。

杨岐之母——不用公灯编私鞋

伟大的子女并不是生来就伟大的，关键在于他们有个伟大的母亲。

杨岐禅师是禅宗杨岐派的创始人。他是家中的独生子，出家后，常年住在寺院里。母亲年老后，就将母亲接到寺院中奉养。杨岐禅师所在的寺院很大，空房很多，但是杨岐禅师公私分明，让母亲睡在自己床上，自己则睡在地上。

后来，杨岐禅师的母亲生病，杨岐禅师为了能够给母亲抓药看病，就在晚上亲自编草鞋，换钱奉养母亲。

一次，杨母问禅师说："你每天晚上都在做什么啊？为什么那么晚才睡？"

禅师说："我在堂中编草鞋，换钱给母亲治病。"听到禅师这样说，杨母略感欣慰，可转念一想，就问禅师："你晚上用的油灯可是自己准备的？"

禅师说："不是，是那堂上早有的油灯。"

杨母听完此话，面有不快之意，说："堂上的灯是公家的灯，你怎么能用公家的灯油照明，做自己的私事呢？这不是公私不分吗？"

　　杨岐禅师听后，心有感悟，从那开始，便自己备好了一盏油灯，悬在房梁上，方便晚上编鞋用，杨母见了很是高兴。不过杨母又发现了问题，她发现禅师的私灯在公灯的下面，偶尔有风吹来，公灯中的灯油便洒出来，滴入禅师的私灯中。于是杨母又劝说禅师将私灯放在公灯上面，这样才做到完全不占公家的便宜。

　　后来杨岐禅师"不用公灯编私鞋"的故事广泛流传，佛门中还有一副对联，称赞禅师："杨岐灯盏明千古，宝寿生姜辣万年。"

李母量廪——多三石也不行

父母的监督，就是祛除孩子懒惰的最好良药。

李畬，唐代监察御史。初任御史的李畬，在发薪水时，请人将廪米送至家中，交与母亲。母亲仔细量过后，发现多出了三石，便询问缘由，送米的官吏回答说："御史官的廪米在过斗时，按惯例是不要刮平斗口的，因此多了三石。"李母又问运费如何，官吏答："按照惯例，给御史送粮也是不要运费的。"李母听后很生气，让官吏拿回多余的廪米并付了运费。等到李畬回家后，李母严厉斥责李畬，让他严格追究此事。

李畬心想这本是官场的旧习，况且又退还了多余廪米，就没有追查下去。过了几天，李母又问起此事，李畬支支吾吾，没有准确的答复。这时李母就已知道，李畬并没有追查，训道："你身为监察御史，职责就是考察百官，现在这点小事，你都不能向上级禀明，无法尽职尽责，对得起你这一身官袍吗？"

李畬听完母亲教诲，第二天就弹劾了仓库的官员，众御史皆面有愧色。于是众位官员，纷纷退回多收的廪米，并付了拖欠的运费。从此，在李畲的带领下，官场上逐渐形成了清正廉洁、一丝不苟的风气。

李母教育子女不占公家便宜，不贪非分之财，而后又懂得"穷追不舍"，监管孩子办事办到底，做事做到位，这是后世父母应该学习的。当父母们将任务或者改正意见传达给孩子后，不应到此为止。几天后，最好验收一下孩子的改正成果。如果父母们不持续监督，孩子有可能认为父母只是口头说说，于是根本不做。或者即使改正，也不能做到位。父母的监督，就是祛除孩子懒惰的最好良药，即使孩子已经养成了习惯，父母也要偶尔抽查，不可松懈。

中国古时候，由于是男权社会，所以男人负责赚钱养家，女人负责相夫教子。事实上，母亲才是一个家庭的精神支柱。因为无论是男孩，还是女孩，自出生到襁褓，再到后来的长大成人，母亲总能面面俱到，而父亲往往粗心大意。所以，为人父母者应善于体察子女的一举一动、一言一行，好的习惯令子女长久恪守，坏的习惯要及时令子女改悔修正，让孩子成为更好的自己。

倚井教子——倔强孙策的倔强母亲

时至今日，"教子井"的水还清冽可饮，"六合古井"几个字也清晰可辨，成为传统美德教育的好素材。

孙策是三国时期吴国的奠基者，《三国演义》称其武勇犹如霸王项羽，绰号"小霸王"。孙策的母亲是吴夫人，父亲是吴辉，字光修，做过东汉的奉车都尉，官至刺史。吴夫人嫁给孙策父亲后，生下了四子一女，其中就有孙策和孙权。吴夫人很有远见，富有谋略，在吴国的建国之路上，吴夫人也尽了自己的本分，史学家称吴夫人为"助治军国，甚有补益"。

一次，孙策的手下魏腾因与孙策意见不合，得罪了孙策。孙策勃然大怒，拔剑就向魏腾扑去，幸好武将们拦下，魏腾保全了性命，却被下狱。孙策正在气头上，很是烦躁，独自在院子中踱步，百官也没有办法。这时只见吴夫人气冲冲地走来，指着院中的井说："你在江南一带刚刚创业，应当心胸宽广，礼贤下士。魏腾对你一向忠心耿耿，难道你忘了他的战功了吗？今天如果你杀了他，明天跟随你的还有谁呢？你早晚要大祸临头，与其那时我受到牵连，不如这时就跳井自杀吧！"

吴夫人说完，就纵身要跳，孙策随即将母亲拦下，跪在地上向母亲请罪，并释放了魏腾。现在梅城古镇还保留有一口"六合古井"，相传就是吴夫人倚井教子、保释魏腾的地方，因此这口古井被称为"教子井"。时至今日，"教子井"的水还清冽可饮，"六合古井"几个字也清晰可辨，成为传统美德教育的好素材。

吴夫人机敏的现身说法，反映出了吴夫人的机智敏锐，也体现了吴夫人对这件事的重视。因此，孙策能立刻且深刻地认识到事态的严重性，反省自己的错误，释放魏腾，改变做法。吴夫人可谓教子有方。孙策、孙权兄弟能够礼贤下士，重视人才，广揽英雄，保全江东，这是与母亲的教育分不开的。

现代的父母在教育孩子改错时，孩子常常在改正后再次犯错，屡禁不止。如果父母们能够做到吴夫人那样重视孩子的错误，且用严厉深刻的方式教育，每当孩子犯错时，就会想起父母的教育，就会少犯错了。

事实上，现代的小孩确实个性十足，这是社会进步的表现，但对于家长们来说，就需要多费一点心思，多琢磨琢磨教育方法，多想点新奇、有效、深刻的教育手段，从而在保全孩子个性的基础上，尽最大可能让孩子少走弯路。

其实，事态越紧急，错误越严峻，父母的教育手段就要越深刻。积少成多，小错误屡禁不止，孩子不长记性，就有可能在以后的人生中，犯更大的错误。

培养孩子爱国情
祖国时刻在心中

第八章　爱国篇

岳母刺字——民族英雄是这样培养的

岳飞解开上衣，裸露后背。岳母先在岳飞背上写了"精忠报国"四字，然后岳母一针针落下，岳飞心头便一次次发誓，发誓定要保家卫国。

岳飞是我国著名的民族英雄，字鹏举。岳母刺字的故事在中国可谓无人不知，无人不晓，但岳母对岳飞的教育可不仅是这一件事情。

岳飞的父亲是岳和，为人十分慷慨，常常施舍饥饿的流民，当有人侵占他家的土地时，岳和也不生气，还将侵占的土地送给他。岳飞出生时，有天鹅在庭院上空盘旋飞翔，岳和干脆就给孩子取名岳飞。岳飞出生未满一个月时，便遭遇了黄河泛滥，堤坝被冲毁，洪水滚滚泻出，岳母姚太夫人怀抱着岳飞，坐于瓮中，随后被洪水冲到岸边，得以保全。

岳飞逐渐年长，当时年头不好，百姓们都很贫穷，岳飞因此不得不在小小年纪时就上山割草打柴，放牧养禽。虽然环境如此艰苦，但岳母依然想尽办法让岳飞学习，每天督促岳飞读书。《宋史》是这样记载的："少负气节，沈厚寡言，家贫力学，尤好《左氏春秋》《孙吴兵法》。家贫，拾薪为烛，诵习达旦，不寐。"意思是，岳飞很有气节，沉默寡言，家庭虽然贫困，但也倾尽全力学习，尤其喜好《左氏春秋》《孙吴兵法》。岳飞家庭贫穷，便捡柴火做成火烛，几乎通宵读书。

岳飞力大无穷，能够拉开三百斤的弓。岳母知道后，就送他到射术高手周同那里专门学习，岳飞才得以掌握射箭的要领。后来周同不幸离世，岳飞经常去他的陵前祭奠。母亲认为他做到了"义"，说："汝为时用，其徇国死义乎！"意思是，等到国家需要时，你一定会为国尽义而死的！

1126年，金兵大举入侵中原，岳飞的家乡也被侵略者占领，恰巧当时宋朝正在招募士兵，岳飞就打算参军入伍，保家卫国。临行前，母亲把岳飞叫到面前，说："现在国难当头，你有什么打算？"

岳飞说："到前线杀敌，精忠报国！"姚太夫人听了儿子的回答，十分满意，"精忠报国"正是母亲对儿子的希望。她决定把这四个字刺在儿子的背上，让他永远铭记。于是，岳飞解开上衣，裸露后背。岳母先在岳飞背上写了"精忠报国"四字，然后岳母一针针落下，岳飞心头便一次次发誓，发誓定要保家卫国，赶跑敌人，为国家赢得荣誉。

岳飞参军后，因作战勇猛，升为秉义郎，后被名将宗泽赏识，称赞岳飞："智勇才艺，古良将不能过。"意思是，智勇双全，富有才干，深谙战争的艺术，古代的良将也不能超越。后来岳飞逐渐在军队中成长起来，渐渐升为将军，开始了自己的掌军之路。

岳飞掌军时，明令禁止部下骚扰百姓。他的士兵纪律严明，每次驻扎在外，都有百姓打开家门接纳，但士兵们没有一个入门休息的。且军号为"冻死不拆屋，饿死不掳掠"。意思是，宁可冻死，也不会拆百姓的房子取暖，宁可饿死也不会掳掠百姓的财物。由于岳飞率领的军队军规严苛，而且屡战屡胜，人们称这支岳家军为"撼山易，撼岳家军难"。

岳飞不仅对待士兵和百姓体贴关怀，而且还是有名的孝子。当时姚太夫人身患重病，岳飞便亲自尝药。母亲死后，岳飞悲伤得三天没有吃下饭。后来，岳飞屡建奇功，不断受到皇帝重视，皇帝就问他："天下何时太平？"岳飞说："文臣不爱钱，武臣不惜死，天下太平矣。"

可惜啊，就是如此尽忠报国、一身赤胆的岳飞竟遭受奸臣秦桧所害，以"莫须有"的"谋反"罪名下狱被杀，时年三十九岁。开始的时候，皇帝命令何铸审理此案，岳飞便撕裂上衣，展示背部，有"精忠报国"四个大字，深入肤理。后来等到宋孝宗时，岳飞冤狱才被平反，改葬于杭州西湖畔栖霞岭，被追谥武穆，后又追谥忠武，封鄂王。

顾炎武母——天下兴亡，匹夫有责

德国教育家福禄贝尔曾说："国民的命运，与其说是操纵在掌权者手中，倒不如说是握在母亲的手中。"王氏是个伟大的母亲，她成就了中国历史上一个伟大的思想家。

顾炎武，明末清初著名思想家，被称为清朝"开国儒师""清学开山"始祖，并与黄宗羲、王夫之并称为明末清初"三大儒"。他一生辗转，读万卷书，行万里路，一直致力于反抗清朝的侵略，至死不食清朝俸禄，他有句著名的话是："天下兴亡，匹夫有责。"

关于顾炎武母亲的故事记载在《先妣王硕人行状》一文中。顾炎武的生母是何氏，但顾炎武生下后不久，由于叔祖顾绍芾儿子同吉中途夭折，便被过继过去。因此顾炎武是在叔祖家长大。

让我们先从顾炎武叔祖顾绍芾的儿子同吉说起。同吉在很小的时候就与王家定下了娃娃亲，但还没等到成婚的年龄就去世了。王家女儿听说后，前来吊唁，当即就留在顾家不走了，说要侍奉公婆，王家只好由着女儿的心意。因此，顾炎武的婶母王氏十八岁就来到顾家，开始了寡居生活。同吉是家中独子，且又在成婚前去世，为避免顾炎武叔祖一脉绝后，顾氏一族就将顾炎武过继给王氏。

王氏到了顾家，侍奉公婆十分体贴。当时婆婆生病，顾母就煮汤喂药。一日，婆婆见顾母面色憔悴，哭泣说："我的儿媳啊，你怎么瘦了这么多，是休息太少吧？我本来就只有一个儿子，老天还把他夺走了。现在我有了媳妇，这也算是我的儿子，也是不能两全啊！"

过了一些年，顾炎武出生以后，就被过继给叔祖家，当时王氏还不到三十岁。顾炎武到了叔祖家后，王氏便教授顾炎武读《小学》，当读到王蠋等忠臣列女的故事时，就反复读三遍，以培养顾炎武的爱国热情。王蠋是春秋战国时期的齐国人，乐毅攻打齐国时，用重金收买王蠋。王蠋说："与其屈从敌人，不如以死激励国人。"于是王蠋自杀，齐国人无不感慨王蠋的气节。顾炎武对此回忆道："自不孝炎武幼时，而吾母授以《小学》，读至王蠋忠臣烈女之言，未尝不三复也。"

王氏白天纺织，晚上还要陪顾炎武读书到二更才休息。顾母尤其爱好《史记》《资治通鉴》和明朝的政治经济等书籍，至于刘伯温、于谦等人的故事，自从顾炎武十多岁时就已经传授了。

明朝后期，天下大乱，国内农民起义，外有清兵入关，直指江南，攻克顾炎武的家乡，大肆劫掠。顾炎武的生母何氏被砍断右臂，两个弟弟均遭毒手。王氏在清军入城后，十五天没有吃饭，绝食而死。遗言曰："我虽妇人，身受国恩，与国俱亡，义也。汝无为异国臣子，无负世世国恩，无忘先祖遗训，则吾可以瞑于地下。"意思是，我虽然是个女人，但深受国恩，应该与国家一起死去，这是义。你不要做异国的臣子，不要辜负世世代代的国恩，不要忘记先祖的遗训，如此我可以安心于地下了。

等到养母王氏死后，顾炎武已经懂得了家事，处理大事小情都十分合理。顾炎武的母亲有个侍女，一直追随母亲，母亲死后，终身没有嫁人。顾家有五十亩田产，每年收入都分给三族，家中没有更多的积蓄。

后来，顾炎武如此总结养母的一生，他说："呜呼！《柏舟》之节纪于《诗》，首阳之仁载于《传》，合是二者而为一人，有诸乎？于古未之闻也，而吾母实蹈之。"这里顾炎武回忆养母时，用了两个典故，一个是《柏舟之节》，另一个是《首阳之仁》。《柏舟之节》是指妇女丧夫后守节不嫁；《首阳之仁》指伯夷、叔齐二人为国尽忠，不食周朝粟粮，饿死在首阳山上。这段话的意思是说："《柏舟之节》只记载在《诗经》上，《首阳之仁》只记载在史书上，而在现实生活中，将这二者合而为一的，有吗？从古至今从没有听说过，但我的母亲做到了。"

陈文龙母——与子同死，舍生取义

王经被判以死刑，就义那天，母亲也在当场自杀身亡。满城的人，看到这一对壮烈的母子，都纷纷感动得流泪。

陈文龙是南宋时期著名的爱国将领，是名将陈俊卿的五世从孙。他自幼聪颖，苦学不厌，曾与南宋宰相文天祥多次联合抗元。当年陈文龙廷试时，皇帝问他："你的家乡那么贫瘠，为什么会人才辈出呢？"陈文龙答道："地瘦栽松柏，家贫子读书。"后来这句话竟成了当地学子读书的口头禅。

陈文龙为官时，正是南宋王朝风雨飘摇、朝不保夕的危难之秋。当时蒙古军队大肆入侵，南宋军队战败后，陈文龙召集义军保卫家乡，但寡不敌众，陈文龙和两子三女以及母、妻等一家人均被俘，被押至福州元将董文炳军中。董文炳令左右百般凌挫，陈文龙以手指腹正色道："此皆节义文章也，可相逼邪？"

这时，董文炳拉来了他的母亲，以此相威胁，陈母却更加坚决，说自己死不足惜，鼓励陈文龙坚持抗元，坚持民族气节。董文炳见无法降服陈文龙，便将其送至北京，交与忽必烈处置。陈家一行人至杭州时，陈文龙请求到岳飞庙祭拜岳飞，蒙军不许，陈文龙就绝食，蒙军怕他半路死去，无法交差，只好应允。

陈文龙到达岳飞庙，拜谒岳飞，痛哭流涕，一头撞死在了岳飞庙的柱子上，时人无不感动，便将陈文龙葬于杭州西湖智果寺旁。后来陈母听说陈文龙已为国尽忠，自己也绝食，说："吾与吾儿同死又何恨哉！"几日后，陈母过世。忽必烈听闻后，赦免了他的妻子和儿女。

直至今日，在陈文龙的家乡，还有庙宇祭祀陈家母子，其中一庙中有一副对联："有是母方生是子，不负友何肯负君。"对联写出了文龙母亲的高尚人格。

在国家危难之际，陈文龙挺身而出，保家卫国，尽了自己最大的努力。后来又用殉国的方式表达自己不屈的意志，死得其所。至于陈母在听说孩子为国尽忠的消息后，也陪同儿子坚守节操，是对儿子最好的支持。在漫长的中国历史上，与子同死、坚守正义的英雄母亲，不胜枚举。

三国时期，王经是冀州的名士，虽然是平民出身，但凭借自己的学问才华，做到了两千石的官位，这时他的母亲就劝他到此为止，干脆回家种田，但王经没有听从。当时王经在宫中服侍魏国皇帝曹髦，曹髦因司马昭专权，大为不满，愤怒之下，对王经等人说："司马昭之心，路人皆知！我不能坐以待毙，今日就要亲自讨伐他，希望你们跟随。"

王经苦心劝诚一番，但曹髦心意已决。这时曹髦手下有人将此事告知司马昭，叫王经一同前往，王经没有去。后来，曹髦的阴谋被司马昭挫败。彻查此案时，王经因为"知情不报"，被司马昭捉拿。王经便向母亲请罪，母亲面不改色，说："人谁不死，正恐不得其所。以此并命，何恨之有哉。为子则孝，为臣则忠；有孝有忠，何负吾邪！"意思是，人都有死的那一天，正恐怕不能死得其所，因为坚持正义而死，又有什么遗憾呢？

你做儿子很孝顺，做臣子很忠诚，有什么对不起我的呢？

随后，王经被判以死刑，就义那天，母亲也在当场自杀身亡。满城的人，看到这一对壮烈的母子，都纷纷感动得流泪。后人罗贯中在写《三国演义》时，称赞王家母子说："汉初夸伏剑，汉末见王经。真烈心无异，坚刚志更清。节如泰华重，命似鸿毛轻。母子声名在，应同天地倾。"

王义方母——力挺孩子践行正义

孩子绝不是生养那么简单，教子正心修身齐家治国平天下，这才是中华教养的根本。

王义方，唐代御史台侍御史，为官清正廉洁。他自幼丧父，在母亲的教导下长大，养成了良好的品行。一次，一个急匆匆走路的人，撞到了骑马外出的王义方。王义方将他拦下，交谈之后，知道了这个人的父亲病重，为了在父亲临终前见父亲一面，才十分着急。王义方听后，立刻将自己的马赠予路人，不告姓名而别。即此一事，就可见其品行。

后来，王义方得到宰相魏徵的赏识，魏徵想将自己的侄女嫁给王义方，不料被王义方拒绝了。魏徵去世后，王义方却主动去魏家提亲，要迎娶魏徵的侄女。时人都不理解，王义方说："初不附宰相，今感知己故也。"意思是，当初是为了不依附宰相，现在是报答已故宰相的恩情啊！

王义方任侍御史时，需要到全国各地视察民情官情，以自己的所见所闻向皇帝报告。当时掌管朝政的是右丞相李义府，手中权力极大。在李义府任职期间，他倚仗皇帝的宠信，卖官鬻爵，欺压百姓，无恶不作。此人表面待人温柔和蔼，同人说话也是笑脸相迎，却在背地里陷害打击，为人阴险毒辣。所以当时的人们都称他为"笑中刀"。又因为李义府诡计多端，害人时常不动声色，很不容易为人觉察，因此又被人称为"人猫"。

李义府凭借自己的权势，要强行欺辱淳于氏，淳于氏不从，上吊自杀。虽然此事广为人知，但迫于李义府的权势，无人告发。王义方发现这桩命案后，自然应该向皇帝秉公直言，但一想到李义府的凶狠残暴，他担心会招惹灾祸，殃及无辜的母亲。因此矛盾重重，愁容满面，一时手足无措，便让母亲拿主意。

母亲说："昔王母伏剑，成陵之谊。汝能尽忠，吾愿之，死不恨。"意思是，当初王陵母亲伏剑自刎，成全王陵的事业。你能为国尽忠，正是我希望的，死了也没有遗憾。

看到母亲坚决的态度，王义方解除了思想顾虑，更加坚定了斗争的决心。他说："非但为国除蠹，亦乃名在身前。"意思是，不仅是要为国家除去一只蛀虫，更主要的是名誉比生命更重要啊！就这样，在母亲正义感的鼓舞下，他大胆揭发了李义府的罪行。然而，唐高宗昏聩，不但没有惩治李义府，反而说王义方诬陷丞相，图谋不轨，遂将王义方下放地方，到莱州（今山东掖县）任司户参军。

李义府确实是个小人，有一次，李义府来到王义方的治所，得意地问道："你因为弹劾我，落得如此下场，感觉如何啊？"王义方义正词严地回答说："孔夫子任鲁司寇仅七天，便诛杀了少正卯。相比之下，我任御史十六天之久，却不能为朝廷除去奸邪，为此感到十分遗憾！"

　　王义方任满以后，他的母亲也去世了，临终前交代王义方不要被暂时的困难击倒，要坚持操守。然而，因为朝局混乱，王义方此时心灰意懒，便远离官场，自此以教书为己任，隐居不出，精心开展儒学教育，成为历史上一代著名的教育家。

虞潭之亲——培养赤胆忠心的孩子

当国家有难时，一家之主的虞母没有袖手旁观，而是变卖家财，将家奴、孙子送到前线，帮助国家平定叛乱，体现了一代女中豪杰的操守。

虞潭，晋时名将，宜都太守虞忠之子。天纪四年，虞忠战死，虞潭的母亲孙氏当时非常年轻，但由于幼子在旁，就没有改嫁，独自抚养，勤劳备至。虞潭自幼时起，虞母便以忠义教导，因此虞潭声望远播，为人诚信可靠，受到朝廷的称道。在虞母的教导下，虞潭生性聪敏、识鉴过人。

虞潭年长后，被朝廷任命为南康太守。当时杜弢谋反，虞潭奉命讨伐，由于当时晋朝腐败，千疮百孔，并没有给虞潭充足的粮饷。潭母支持虞潭平叛，变卖全部家产，用以犒劳战士，虞潭才大胜叛军。

327年，苏峻反叛，虞潭任将军，守卫吴兴，征讨苏峻的任务又落到了虞潭的身上。出征前，虞母告诫说："吾闻忠臣出孝子之门，汝当舍生取义，勿以吾老为累也。"意思是，我听说忠臣良将源自孝子之门，你应该舍生取义，不要以我年老为拖累。

后来，战场形势危急，对虞潭大为不利，虞母就发动全部家仆至前线，让他们随虞潭征战。虞母又卖掉她的首饰玉佩，充当军资，以解燃眉之急，可毕竟叛军势大。这时，虞母写信给虞潭说："我听说，内史王舒将自己儿子送上战场，带头冲锋，军队战力才大增。现在你的儿子远在后方，为什么不向王舒学习呢？"于是，虞潭就以儿子虞楚为督护，率军作战。尽管虞母毁家纾难，又把孙子送上前线，可还是没能剿灭叛军，与叛军相持不下。后来陶侃的义军前来支援，才最终平定了叛乱。

苏峻之乱平定后，虞潭请求告老还乡，侍奉老母。朝廷准许，加封虞母为武昌侯太夫人，追加金章紫绶。虞潭回家后，在家建起奉养母亲的屋宇，丞相王导以下的官员都曾前往谒见。后来，虞母去世，时年九十五岁。晋成帝司马衍派遣使节吊祭，谥为定夫人。

赵苞弃母——成全孩子的美名

各人生死有命，怎能为了顾及我而亏损忠义？你应该尽力去做。

东汉灵帝时期，十常侍把持朝政，政局混乱，搅得民不聊生。但就是这样的时局下，仍不乏忠臣孝子，赵苞就是其中之一。赵苞的哥哥是十常侍之一，叫赵忠，权力很大，但赵苞羞耻家族出了个祸害，与母亲约定，从不与哥哥来往。

后来，赵苞被任命为辽西郡太守。东汉的辽西是苦寒之地，地处边疆，常受到外族侵略。赵苞到任后，整军治吏，干得热火朝天。随后母亲来信，说不愿意与赵忠为伍，想来辽西养老，于是赵苞便派人接来母亲和妻子。

二人到达柳城时，恰逢鲜卑一万余人侵入边塞劫掠，赵苞的母亲和妻子全被劫。后在鲜卑士兵盘问下发现他们是辽西郡太守赵苞的家属，就用车载着她们来攻打辽西郡城，威胁赵苞投降。当时赵苞率军守城，见母亲、妻子就在城下，大哭不止，说："为子无状，欲以微禄奉养朝夕，不图为母作祸，昔为母子，今为王臣，义不得顾私恩，毁忠节，唯当万死，无以塞罪。"

意思是，当儿子的罪恶实在不可名状，本来打算用微薄的俸禄早晚在您左右供养，想不到反而为您招来大祸。过去我是您的儿子，现在我是朝廷的大臣，大义不能顾及私恩，自毁忠节，只有拼死一战，否则没有别的办法来弥补我的罪恶。

这时赵母说："威豪，人各有命，何得相顾以亏忠义，尔其勉之！""威豪"是赵苞的字，这句话的意思是，各人生死有命，怎能为了顾及我而亏损忠义？你应该尽力去做。

听到母亲的话，赵苞立即命令士兵进攻敌军，虽大获全胜，但赵母和妻子已然死于乱军之中。随后赵苞便带着母亲和妻子的尸首回家安葬。葬礼过后，赵苞说："食禄而避难，非忠也；杀母以全义，非孝也。如是，有何面目立于天下！"意思是，食朝廷的俸禄而逃避灾难，不是忠臣；害死母亲而保全忠义，不是孝子。如此，我还有什么脸面活在人世？赵苞说完，伤心过度，吐血而亡。

自古忠孝不能两全，孩子们长大后开始有自己的目标和事业，自然不能像小时候一样常伴母亲膝下。那个时候，父母应该体谅孩子，尽量不去打扰。赵苞的母亲能够舍弃自己的生命，成全孩子的美名，大气磅礴、气势不凡、慷慨悲壮。

中華教養課